小屋開けの〈涸沢ヒュッテ〉、深い雪から掘り出された2階の窓と、夜明けの穂高連峰モルゲンロートは春の淡い朝焼け。2017年4月

Takamasa Yosizaka + Atelier U
吉阪隆正＋U研究室

Earth
Architecture
山岳建築

JN069992

写真｜北田英治　編著｜齊藤祐子
Photographed by Eiji Kitada　Edited by Yuko Saito

北のアラスカのマッキンレーに一ヶ月山中で過ごしたことがありました。入山した時は里もまだ真に雪に蔽われた冬景色でしたが、一ヶ月余りして山上からヘリコプターで里に下り立った時には、草木のすべてがすっかり芽ぶいた春となっていました。その里の空気を一呼吸した時に、その温かさ、香りなど入り交じった触感に、生命とはこれかと感じさせられ、山上の無機物の世界があらためてしみじみと思い出されたのでした。

そして大自然の前には人間とは何と小さな存在なのかと考えさせられたり、それでも自分らの住めない世界にまでもよくも行けるような知恵と力を働かせ得るものだとも感心したりするのでした。

私の人生の指針も、建築の設計の時のアイデイアも、どこかでこれらの山の体験が底流となり、時に表面に直に作用しているように思います。論語の中にある「仁者は山を楽しむ」という心境に至れればとも考えるのです。

吉阪隆正

「山と私」1979 年 6 月 22 日 NHK 南米向け放送草稿より、
『吉阪隆正集 14』再録

アラスカ、マッキンレー山（デナリ）
6,194m、カヒルトナ氷河のベースキャンプ、1960 年 5 月 北米大陸横断・マッキンレー山西南陵登峯**

はじめに

山の無言の教え、山に戻る

山の無言の教えがまた私の良心を育てる。
美的感覚を、詩情を養うと共に、
そこでの困難をのり切るための
正確な技術を習得していった。
するとますます山に戻ることが、
私の良心をたてなおす機会になっていく。
そこで得た力は、
他の方面にも応用できることを知った。
そしてそれは私なりに成功したと思っている。
真面目に、公平に、正確に、細部にわたって、
夢を見ないようにして、
たゆまず探し続ける力となってくれた。
それは時に人を驚かし反発を食うこともあった。

しかし私の信念をくつがえしはしない。
それでほめられようと考えてはいないからだ。

吉阪隆正『私、海が好きじゃない』
アグネ 1973年

傾斜地に建つ〈大学セミナー・ハウス〉〈アテネ・フランセ〉〈海星学園〉住居など、自然の地形と建築の造形は、吉阪隆正とU研究室の魅力になっています。その原点にあるのが登山家 吉阪であり、山が好きで集まったアトリエのメンバーでもありました。

吉阪は幼少期を過ごしたスイスで、中学生の頃、父に連れられて4000メートル級のアルプスを歩きました。その後早稲田の山岳部に入り、アフリカ キリマンジャロ、アラスカ マッキンレー遠征隊を率い、ヒマラヤK2登山を計画しています。地球を駆け巡り、生命の限界でテントを張り、ぎりぎりの自然の厳しさに生身で向き合いながら、自然と人間の間の建築を考えてきました。地形、風向き、積雪、雨、それが原型であり、都市の建築の形にもなっています。

山小屋では「多種多様の宿泊者をすべて自分たちの家族だと思い、大切な人間家族の理念が文明だと思っている都会よりも却ってこんな所に案外易々と見出される。劔山荘の計画に際して、この人工土地人間家族を基底にする理由はここにある」(『雪氷』1957年11月)と、吉阪は山小屋の計画を住居や都市の原型として提案しました。

そして、自然と向き合う山小屋の木構造に、彫塑的なコンクリートに対峙する造形を見ることができます。

『吉阪隆正集 14——山岳・雪氷・建築』では、山について、雪氷学会の論文、そして山小屋の作品を〈山岳建築〉として一冊にまとめました。

本書では『山岳建築——Earth Architecture』と題して、山小屋を中心に、自然と直接向きあう建築作品で構成しています。地球スケールの多様な環境で、身体の延長として建てられた住居への理解から、相互理解と平和への想いの出発点として書かれた『環境と造形』1955年。伊豆大島元町の大火からの復興を、三原山に提案した〈水取山計画〉1965年。新しい自然の創造をテーマに、建築が地形の一部となり自然と一体化した〈箱根国際観光センター計画〉1970年。そして1977年から取り組んだ、東北青森の〈農村公園〉の設計。

登山家 吉阪隆正と山つながりで集まったメンバーが、山と自然と人の対話する形姿へと、最も楽しみながら取り組んだ作品群といえます。

2023年2月
齊藤祐子

目次

写真·構成│北田英治　解説·キャプション│齊藤祐子

図面データ凡例

図面名称　縮尺│製作年月日│製図者 *サインのない図面│素材·技法│大きさ[mm, 縦×横]│原図縮小率 %│所蔵者:**のほかは、文化庁国立近現代建築資料館所蔵
※サイズなど不明なものは「−」と表記
※各作品の番号は、創設年1954年を0として設計を始めた年と順番を示す、全作品につけられた作品番号。
　例:506涸沢ヒュッテは1959年6番目に設計を始めた作品。例外として、101吉阪白邸は竣工年。
※作品解説文:記名なき文章の文責は、U研究室

◀左頁 涸沢キャンプ場から、蛇籠と石積みに守られたヒュッテ、屋根の仮設デッキに登山者が集う

◀ 左頁 4月の小屋開け、上高地から穂高連峰の釣尾根を越えてヘリコプターは涸沢カールの深い雪に埋もれた〈涸沢ヒュッテ〉へ。ヒュッテの屋根に積もる雪をスコップと除雪機で取り除く、2017年4月

涸沢ヒュッテ
新館

長野県上高地涸沢｜木造2階・334.884 m²
1959年計画、1961年設計、1963年竣工

　穂高の涸沢のカール（氷河圏谷）
の中心部、標高2,400 m。冬は完全
に雪に埋もれ、その上を雪崩が通り
過ぎる場所である。春になると3〜
5 mの積雪を取り除き、小屋を掘り
出すのである。何度か雪崩で屋根を
吹き飛ばされた。北穂沢と奥穂沢の
二方向は厚さ5 mの石積みで小屋を
すっぽり囲っている。ちょっと見る
と石の砦のようだ。

松崎義徳『吉阪隆正集 14』

ヒュッテの夏、登山者で賑わうデッキから望む北穂高岳、デッキの
材木は冬の雪の重さを支えるために室内の補強に使われる柱や厚板
2019年7月

▶ 右頁　**本館と穂高連峰を前に現地で描いた図面**
ろーろ　断面図　断面図｜1:100｜1959年9
月｜鈴木恂｜トレーシングペーパー・鉛筆・
｜A2［397×510］｜54%

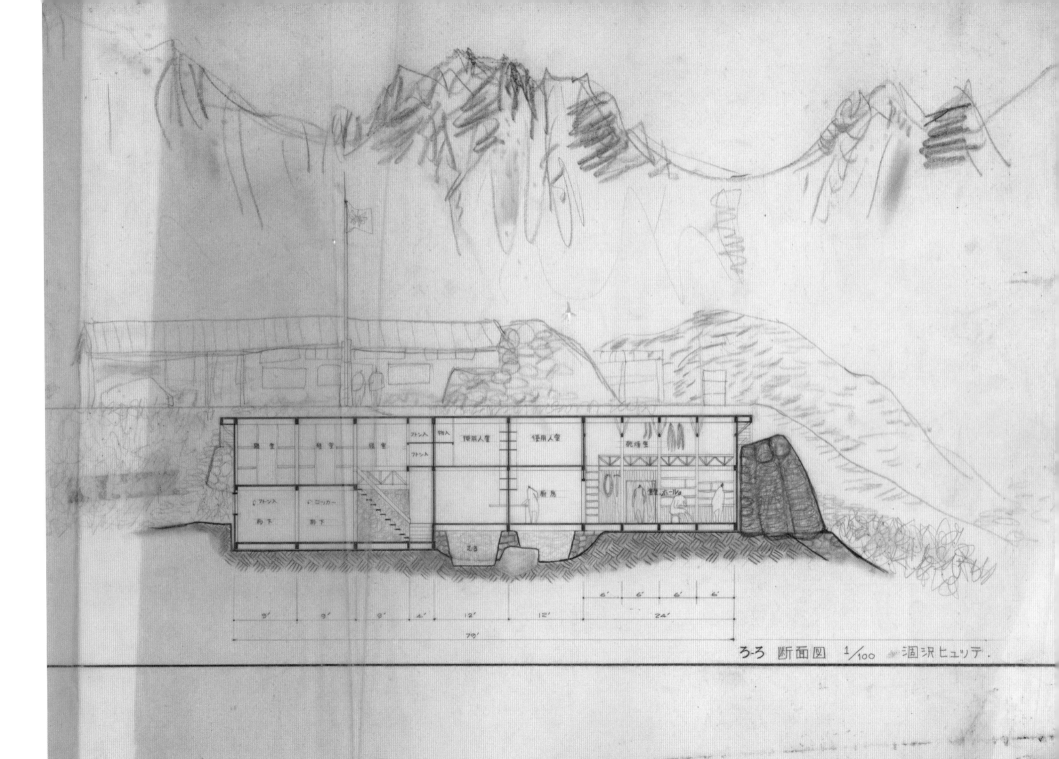

ろ-ろ　断面図　1/100　　涸沢ヒュッテ.

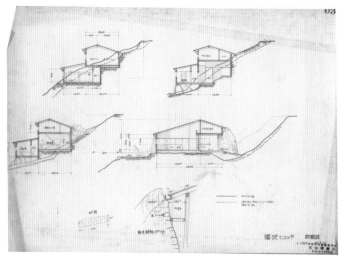

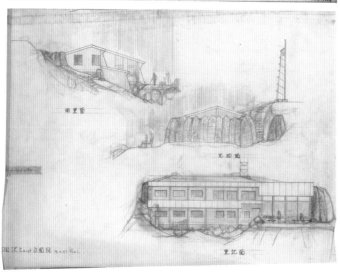

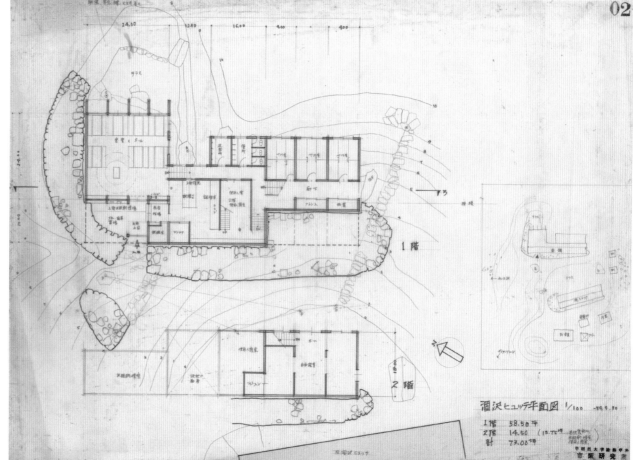

[上]断面図
1:100｜1959年9月30日｜ー｜
トレーシングペーパー・鉛筆｜A2
[394×550]｜16%
[下]立面図　南東、北西、東北
1:100｜1959年10月27日｜戸
沼幸市｜トレーシングペーパー・
鉛筆｜A2[379×502]｜18%

配置図　1階、2階平面図
1:100｜1959年9月30日｜ー｜
トレーシングペーパー・鉛筆・イ
ンク｜A2[397×545]｜31%

[上] 食堂から受付への階段を見る、右奥は厨房、左手に宿泊室が並ぶ
[下] 小屋開けの2017年4月、階段から見た食堂には、秋に立てられた仮設の柱が屋根の雪の重さを支えている。天井や壁には氷や霜がついていた。

[上] **食堂増築、平面図と面積表、1987年、1988年、1995年変更日** 配置図 平面図 1階、2階 | 1:200 | 1987年8月12日 | 松崎義徳 | トレーシングペーパー・鉛筆・インク | A2 [419×583] | 24%
[下] 黒焼の断面図に描かれた、新館増築の平面、断面のエスキス。松崎は雪のラインをマジックインクで描き込んだ**

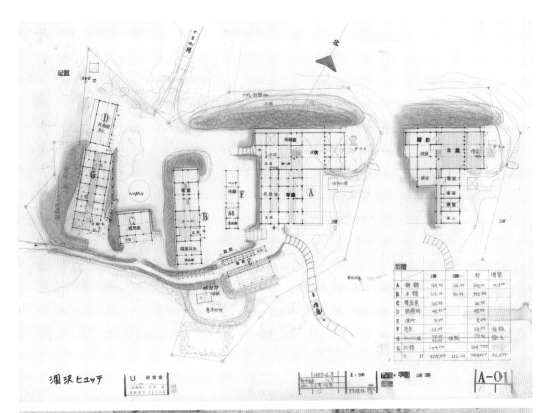

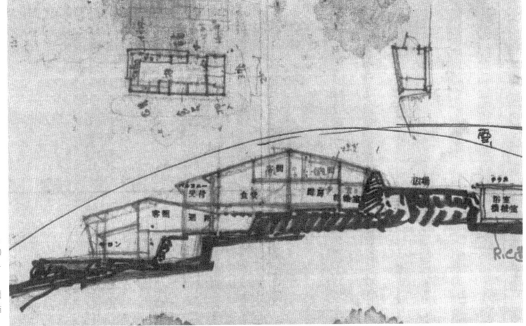

涸沢ヒュッテ物語

小林銀一＋山口 孝

[左] 1959年9月、穂高連峰の稜線を見上げる吉阪隆正、鈴木恂、戸沼幸市[2]
[中] ヒュッテに集まった山の人をスケッチした、鈴木恂日記帖より[3]
[右] 小林銀一を真ん中に、右が山口孝、左は長男の小林剛、小屋開けのヒュッテで、2017年4月

ヒュッテの誕生

　北アルプス、3000メートルの穂高四座に囲まれた、涸沢カール。穂高連峰を一望する最高の場所に建ち、登山者を迎えるのが〈涸沢ヒュッテ〉。山を歩き、山を愛する誰もがめざす憧れの小屋である。その場所を選んで小屋を建てたのが1951年。

　「山岳書籍を出版していた朋文堂の編集者、森いづみ氏は、この景色を見るためにこの小屋を建てました。県からもお願いされ、たくさんの人に応援されて、この場所を選んだのです」と、森の甥にあたり、1972年から小屋番を自称して涸沢ヒュッテを育て、守りつづけ、遭難救助の活動もしてきた山口孝氏は語る。

　同時に、氷河が石を運んで小さな丘になったモレーンは、北穂高岳からの雪崩の通り道でもある。朋文堂で最初に建てた小さな小屋は、翌年雪崩で流された。「雪崩でながされた材料を谷から拾い上げて、また建てました。」と山口。

　1950年代、朋文堂の新島彰男社長と森いづみ氏に涸沢ヒュッテでの仕事をまかされ、当時は〈鬼銀〉と恐れられ、現在は誰からも〈親分〉と親しまれている小林銀一氏は「実験をした」と振りかえる。

　「1953年、日本山岳会で、建築の専門家の山本学治さんに雪崩から小屋を守るにはどうしたらよいか相談しました。山本さんは、美ヶ原の〈王ヶ頭ホテル〉を参考に、「蛇籠の石積みをするといい」と提案をしてくれたのです。雪崩に2度流された本館は、その後積み上げた蛇籠に守られて、今のすがたになりました。」

　穂高の小屋は、最初に奥穂高岳稜線の〈穂高岳山荘〉を創始者の今田重太郎が1925年に建てた。1933年に上高地へのバスが通るようになり、1939年には〈涸沢小屋〉を上高地登山案内人組合でつくった。それまで何もない場所だった。1948年には〈北穂高小屋〉を小山義治が創設。その3年後の1951年、涸沢ヒュッテ本館建設。1955年に別館建設。そして、1959年新館の設計をはじめた。山の人達は、ヒュッテが大きくなるのを喜んでいたという。設計は、ヨーロッパの山小屋について記事を書いていた登山家であり建築家の吉阪隆正。朋文堂では最初に設計を依頼した〈安達太良山小屋 計画〉[1]に続いての設計であった。

新館の設計

　1959年9月、涸沢ヒュッテ本館前、穂高連峰の稜線を見上げる写真[2]には、吉阪隆正、鈴木恂、戸沼幸市の姿がある。当時大学院の学生であった2人は吉阪とともに製図板をもって涸沢に登り、新館の設計図面を仕上げた。荒々しい穂高を背景にした鈴木の図面からは、現地で描かれた勢いが伝わってくる。雪崩の通り道にあたるこの場所に、吉阪は屋根の上を雪崩が通り過ぎていくことを考えて、堆積したモレーンの岩場を掘込んで小屋を建てる提案をした。

　鈴木の記録を辿ると、9月24日から涸沢に入り、土地の測量をして建設場所を決めた。ヒュッテの中心施設となる新館には、受付、食堂、宿泊室を計画。事前に作成した配置計画2案、タテ案、ヨコ案を現場で検討して、ヨコ案で進めることにする。吉阪は2泊して方針を決定すると、早稲田大学アラスカ、マッキンレー遠征隊の打合せのために下山した。

　9月29日新館建設について話をした。そこに集まった山の人を描いた鈴木のスケッチには、朋文堂の森いづみ、小林銀一、今田重太郎（穂高岳山荘）、深沢天皇（「フカスの岩小屋」の深沢正二）、ロック六さん、大島さん、花岡、萩原などのメモがある。（涸沢ヒュッテ、鈴木恂日記帖より）[3]

　鈴木と戸沼は、残って現場で図面を描き、10月2日に下山した。

工事の苦労

　国立公園の手続きに時間がかかり、1961年設計を再開、10月24日に図面を持って、城内哲彦、鈴木恂が涸沢に入る。62年の春から夏に工事をして、完成したのが1963年だった。

「材木は横尾の木を切って、製材して、本谷から運んだ生木だった。鎹とボルトで止めていた」と小林。

「本谷の下の木を、歩荷（ボッカ）で人があげた。まっすぐ正面にヒュッテが見える、Sガレの下からケーブルを付けて、直線で1000メートルくらい。ヒュッテの売店の入口に大きな岩があって、そこにワイヤーをつないでつり上げた。」と山口。

「工事のときはダイナマイトをいつも背負っていて、当時は許可を受けて手に入れていた。石を砕いてそれを積んでつくった。」と小林。

「雪崩は蛇籠も押していくので、その後ヘリで石を積もうと考えた。ワイヤーの一点吊りでテント場から2千個の石を二年がかりで積んだ。1998年に完成した石積みは本体と同じくらいに費用がかかった。全体力を使い果たした。」と山口は振り返る。

　ヒュッテの現場は城内哲彦が見ていた。その後設計した朋文堂の山小屋〈黒沢池ヒュッテ〉は松崎義徳。〈野沢温泉ロッジ〉は竹内雅海と樋口裕康。

　その後、松崎が涸沢に関わりはじめた。設計の打ち合わせにもキャラバンを履いて行き、そのまま山に直行するほど山が好きな「松崎さんはひょっこり来る。ふらりと来て、ヒュッテの相談をする。別館、トイレ、新館増築は松崎さん。自宅〈小林邸〉〈朋文堂 山田牧場ヒュッテ〉の設計もお願いした。」と小林。

雪山の小屋開けと屋根の展望デッキ

　春の小屋開けは、昔はみんな歩荷だった。40キロの荷物を背負って、沢渡から、明神、徳沢から3日くらいかけて登った。4月17日が山の神様の日。雪の様子を見て山に入った。1964年から、ヘリが飛ぶようになった。

「テント場の奥の北穂から、涸沢小屋の右から来る雪崩が一番怖い。奥穂からの雪崩は通り過ぎて行くように考えている。山側には雪崩が流れ込んできて、谷のほうに押されていく。山側の売店のある広場と新館の間、通路の部分に雪が溜らないように屋根を付けた。そこを室内にして、厚板と柱で冬囲いをして、小屋を守って雪や氷がつかないように考えた。氷と雪を取るのが小屋開けの一番大変な作業だった。なによりも小屋開きの苦労をすくなくすることを第一にした。」と山口は小屋開けの苦労を語る。

　ヒュッテの調査をした、信州大学の梅干野成央氏は、「小屋閉め前の2週間、従業員によって冬囲いが仮設されます。総量を調べた結果、仮設の囲いには計1015枚の板が用いられていたことがわかりました。その総容積は9.08立方メートルにもなります。一方、仮設の柱は、本館に48本、別館に11本、新館に101本、新々館に73本、計243本が設置されていたことがわかりました。その総容積は3.94立方メートルにもなります」*4

　その仮設材を転用して作るのが屋根の上の展望デッキ。今では涸沢で一番賑わう場所になっている。

「最初は屋根に上って、山の眺めを楽しんでいたけれど、誰でも楽しめるようにとデッキをつくった」と山

口。屋根の上のデッキから朝焼けのモルゲンロートを眺め、星空を眺め、穂高から常念まで360度のパノラマになる。

　涸沢ヒュッテは学生登山の拠点にもなっている。地元の小学校の学校登山の場所でもある。涸沢から奥穂高岳へ登っている。私が参加した早稲田大学の体育の授業でも大学の山岳部が指導する授業があった。徳沢園にテントを張って1週間。1日目は蝶ヶ岳、2日目は横尾から、屏風岩を眺めて涸沢をめざしてお花畑へ、3日目は槍の肩の小屋に一泊して槍ヶ岳と、山岳部のペースで走るように駆け抜けるのに必死だった記憶だけが残っている。

　吉阪は北アルプスの極限の地に、地形を読み込み、自然の力と向き合うかたちを、厳しい冬の積雪と雪崩に耐える建築として設計した。ヒュッテは、春4月、6m近く積もった雪に埋まった建物を掘り出す小屋開け作業に始まり、連休の山開き、夏山から秋の紅葉、そして小屋閉めと、一年は息つくひまもない。あこがれの穂高連峰を望む登山基地として、子供から高齢者までたくさんの登山者を受け入れる。ヒュッテは、山へと魅き付ける大きな存在になっている。2021年涸沢ヒュッテは小林銀一氏の長男　剛氏へと代替わりして、新時代へと進んでいく。　　　　（文責　齊藤祐子）

2019年7月31日　中の湯にて　小林銀一、聞き手　梅干野成央、北田英治、嶋田幸男、齊藤祐子
2019年7月29日　涸沢ヒュッテにて　山口孝、聞き手　梅干野成央、北田英治、齊藤祐子

────
note
*1　本書 p.30
*4　梅干野 成央 山岳科学総合研究所ニュースレター信州大学　山岳科学総合研究所 情報企画チーム 2012年8月　第33号

703·1207

黒沢池ヒュッテ

新潟県妙高黒沢池｜木造2階・152.575㎡
1961年 計画・1966年 設計

　信越国境の妙高山群は名にしおう豪雪地帯で、標高
2,300mの黒沢池に建っている。8本の太い柱が八角形
のドームを支える構造になっており、中心のたまり場
を取り囲んで宿泊部分を2階、中2階に配置。

　このドームはキノコの形から発想したものだが、小
屋の周りは厳冬期の強風が渦を巻いて吹き抜け、雪を
吹き飛ばしてくれる。　　　　松崎義徳『吉阪隆正集 14』

妙高戸隠連山国立公園、初雪の〈黒沢池ヒュッテ〉2021年10月

[右]2階のホール、8本の檜丸太の柱
は中2階手摺の高さで組む構造

朋文堂の小林銀一氏が涸沢に続いて
設計を頼んだのが黒沢池ヒュッテ。
直径30センチの丸太柱はなかなか
見つけられず、麓の神社の檜を譲り
受けて運んだという。その後、アル
ペンスキー学校の植木毅氏が拠点と
して活動をしてきた。管理棟を含
め、数棟を計画したが宿泊棟一棟を
建設した。

[上] 中2階ドーム屋根の宿泊室
[下] 2階宿泊室と吹き抜けのホール、松崎がア
ルプスの山小屋を手本にして、宿泊室の床は頭
が高く、脚に向かって斜めに傾斜している

2階から中2階吹き抜け、檜丸太
組とトップライトを見上げる

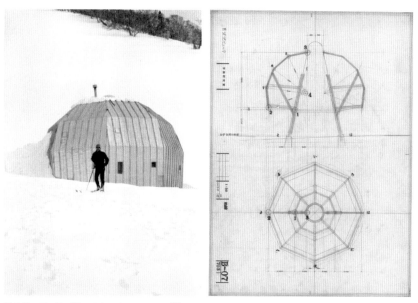

[左] 竣工時、雪が積もらない冬のヒュッテ**
[右] **軸線　断面図、平面図**
1:20 ｜ 1966年4月19日 ｜ － ｜ トレーシングペーパー・鉛筆・インク ｜ A2 [405 × 553] ｜ 14%

檜丸太の骨組と〈極地のテントのようなドームをのせる〉、縮尺1:3　の木造骨組模型
製作、村上建築工房、村上幸成、稲吉三太郎、筒井元気、伊東繭子、展覧会「吉阪隆正──パノラみる」2022年より

16

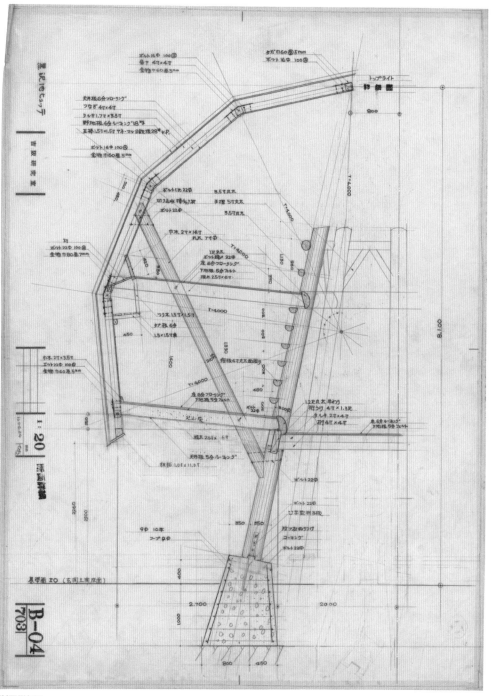

断面詳細図
1:20 ｜ 1966年4月24日 ｜ 樋口裕康 ｜ トレーシングペーパー・鉛筆・インク ｜ A2 [411 × 555] ｜ 32%

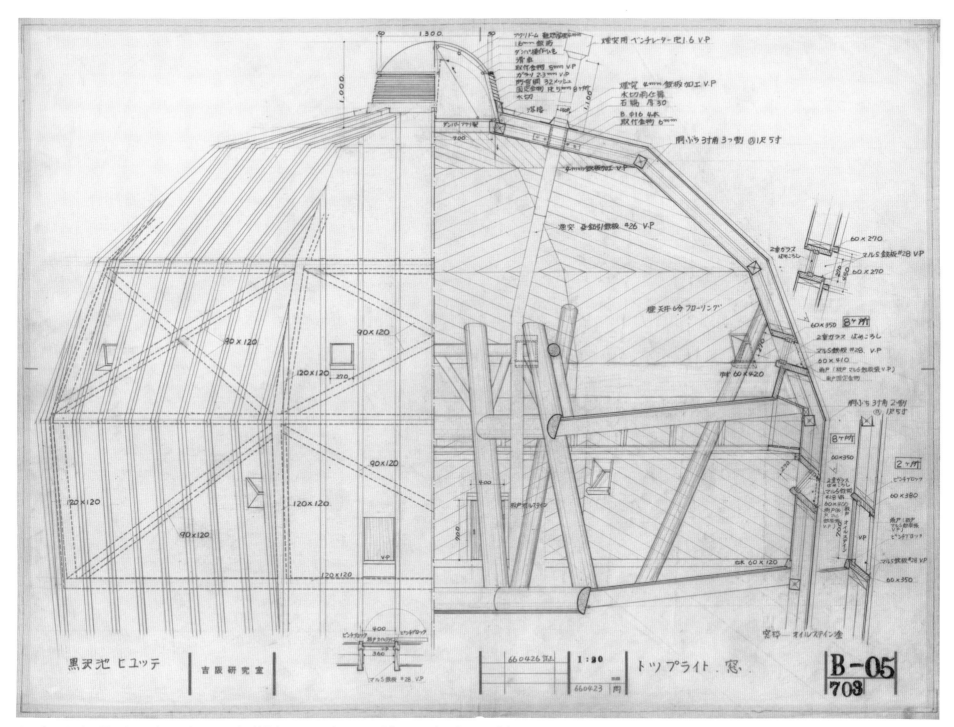

トップライト、窓　詳細図｜1:20｜1966年4月23日｜岡村 昇｜トレーシングペーパー・鉛筆・インク｜A2［406×555］｜45%

［左］アプローチから〈早大山岳アルコウ会対山荘〉を見る。林の中に建つ手前の現役棟と奥のOB棟。
「辷り落ちる雪を少し方向づけて、窓の前をさけるようにしたことで、床のあげ方を節約できた。」と吉阪、「雪国の都市と建築について」『雪氷』1970年9月初出、『吉阪隆正集 14』再録

▶ 右頁 柱のないドーム型のヒュッテ内部、OB会員がストーブを真ん中に過ごす、冬の一日 2023年1月

1101
早稲田大学
山岳アルコウ会
対山荘

長野県立科町｜木造平家・115,51㎡
1964年設計、1965年竣工、1970年二期工事竣工

蓼科山麓、標高1800mの高原に建つ〈対山荘〉は、早稲田大学〈山岳アルコウ会〉の山小屋。落葉松をまだ植林したばかりの緩い斜面に建てられた。

初代会長の飯島 衛 早大政経学部教授は「夢想が執念によって現実の形と重量とをえてくる――その過程は苦しいが、またたのしいものだ。」と山小屋完成時の会報に言葉を寄せた。学生たちはアルバイトや募金で資金集めをしながら、石を運んで基礎の石積みをし

て、一期工事の建設をすすめ、1965年10月31日落成をみなで祝った。二期工事のOB棟が1970年に完成。

厳しい環境の中で半世紀の時を重ねてきた〈対山荘〉は、外部柱の鉄骨補強、屋根の葺き替えなどの大規模修繕と外壁の塗装や設備などの手入れを続けている。2014年8月、建設50周年記念式には110余人のOBと現役メンバーが集まった。現在も現役学生、OBの活動拠点となっている。

山岳アルコウ会の蓼科の小屋

吉阪隆正

大工棟梁、小川良作さん、吉阪のスケッチ
『早大山岳アルコウ会　会報No9』

エスキモーの雪の家（イグルー）みたいな小屋ができた。雪のように塑性を持ったものを直線材の木造でやるというのは、かなり難しいことで、小川さん（蓼科の大工棟梁、小川良作）はさぞ苦心されたことだろうと思う。

だが屋内のスペースを最小にして、最大の人数を収容して起居しようというにも、また熱損失を一番少なくするためには最少表面積にすることにも、ドームのような形がいい。

所で屋根が問題だ。平面はとに角多角形でもどうやら円に近い状況になし得るが、屋根には雪が積もって目方のかかることも考えなければならない。

そこで考えたのは三角形のトラスを組んで行くことだが、この立体幾何には大分悩まされたことを告白しよう。丁度カナダのトロント大学の学生が実習に来ていた時だった。彼ボーン君は一ヶ月間、模型をつくっては図になおし、計算をし、ということをやってくれたが、何回もこれは不可能ですとその証明にかかる騒ぎであった。理屈を聞いて見ればなるほど折角勾配をつけようとしたのに、組合せて行くと平らになってしまったり、あるいは螺旋状によじれて一周した先はもとと食い違ったりするわけだ。

結局現在のようにトラス二つを一組として間でずれをにがす方式になってやっと落着いたのであるが、これは多分谷間にたまるだろう雪を逃がし落とすのには楽だろうと考えている。冬を越して見ないと安心はできないが、傾斜などからは十分な筈だ。雪がうんと積もった頃に一度是非訪ねて見たいとも考えている。

［上］西側を流れる水路から、斜面に建つヒュッテ外観
［下］OB棟の小屋組天井見上げ。2023年1月

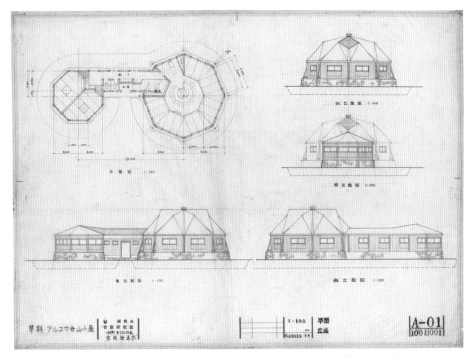

平面図 立面図　1:100 ｜ 1964年8月19日 ｜ 白井順二 ｜ トレーシングペーパー・鉛筆・インク ｜
A2［406×554］｜ 22%

　予算はどうも少し超過してしまったようで募金の
方々にも建築を担当された小川さんにも甚だ申訳な
いと思っているが、しかしそれだけにしっかりした
立派なものができて私としてこれほど嬉しいことは
ない。小川さんは材料も随分はり込んで下さったの
で、予想より豪華になった。
　山の上のほうから見下ろすと、今はまだペンキが
塗ってないので、森の中に小さな星が光っているよ
うで、何ともいえない楽しさがある。作者が自画自
賛していてはおかしいが、率直な感想だ。
『早大山岳アルコウ会　会報 No 9』山小屋完成記念号　1965年12月

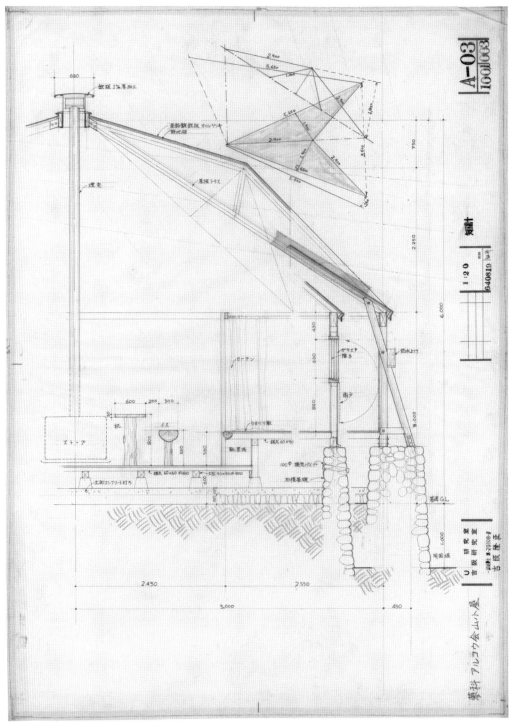

矩計図　1:20 ｜ 1964年8
月19日 ｜ 白井順二 ｜ ト
レーシングペーパー・鉛筆・
色鉛筆・インク ｜ A2［406
×557］｜ 34%

1403
野沢温泉ロッジ

長野県野沢温泉 | RC造地下1階＋木造3階 | 225.54㎡ | 1968年設計

　春の雪どけののちに出るつくしのような形をしている。まわりの旧来の農家が雪下ろしに苦しんでいるとき、ここだけは緑の屋根をスックと雪の中に見せている。一階の床を地盤面から大分高めてあるので、落下した雪が周囲に積み上がっても、窓がふさがれることはない。雪囲いの必要もないのである。

　おまけに中央階段の吹抜けがあるために、最下階で暖房のストーブを焚けば、温気は自然に上昇して各階に及ぶという冬の生活の快適さが至極簡便に得られるのである。

　雪下ろしがいらなくて、自然落下の雪にわざわいされず、雪囲いも不用ということは、大きな節約であり、労力の軽減である。

　　　　吉坂隆正「雪国の都市と建築について」『雪氷』1970年9月　初出、『吉阪隆正集 14』再録

〈どんぐり形〉は
どうでしょう？

樋口裕康

　野沢温泉にスキーロッジを建てる話がまいこむ。早速、山好きの吉阪、松崎、樋口が現地にむかう。

　先ず山を見なければ。スキーをかついで山頂をめざす。吉阪は20世紀初頭のアルペンスタイル。木綿のヤッケ、ニッカーポッカー、帆布のスパッツ、登山靴、竹のストックと木製スキー、留具はカンダハー、背にはナップサック。途中からスキーを履き、登る。山頂で一服。くだり、野沢温泉の街全体を見下ろす小高いコブで休憩。

　吉阪は〈パタパタ〉を広げ、スケッチをしながらつぶやく。「〈どんぐり形〉はどうでしょう。」

　次の日、松崎の机には一枚の図面。無数の硬い鉛筆で描かれた基準線。その上にフリーハンドの赤、黒、緑のマジックペンの線が走る。「ヒグチ君、模型」。

　油土（油粘土）で〈どんぐり形〉をつくり、料理用ナイフで削ってゆく。窓を切り込む。周辺の家々、樹木も油土でつくり配置する。片栗粉の雪を空から降りかける。真白な街に〈どんぐり〉が立ち上がる。」

　夜、吉阪が帰ってくる。さっそく模型の前に立つ。「いけそうですね」。〈ある住居〉自邸の階段を上って居間からウィスキーを一本かかえてくる。3尺×6尺のベニヤ台には、白く染まった油土模型。茶渋のついた茶碗が三つ。ヤカンに水。吉阪の話がはじまる―吉阪のアリア。話は時を越え、地球を飛び廻る。　　2023年3月

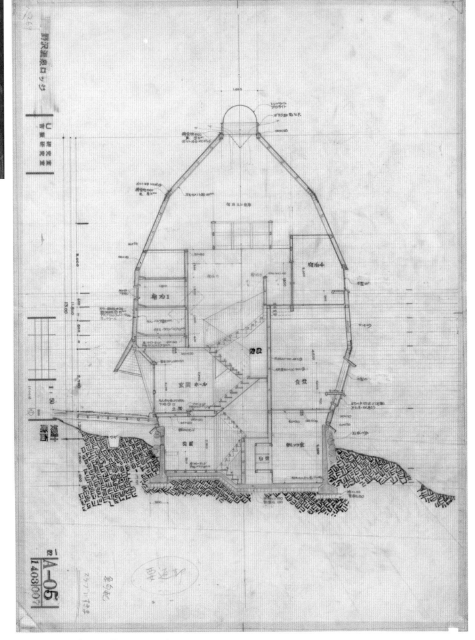

[左] 内部の階段室、吹き抜けを見下ろす
[右] **矩計　断面図**　1:50｜1968年6月18日｜樋口裕康｜トレーシングペーパー・鉛筆・インク｜A2［403×546］｜30%

1406

ニューフサジ
（現 雷鳥沢ヒュッテ）

富山県弥陀ヶ原｜RC造3階・1,301.76㎡｜1963年 設計、1996年 改修、増築

　立山地獄谷にある房治荘の新館として、雷鳥沢に面した尾根に新設された。標高2,400mの厳冬期の強風（季節風）の風向きを調べ、それにきっちり建物の方向を合わせた。構造は現場の特殊性から発砲コンクリートの現場打ち構法を採用した。この高度になると自然条件は極端に厳しい。冬は無人となり雪に埋もれる。

松崎義徳『吉阪隆正集 14』

設計趣旨 平面計画 断面計画
—｜1970年3月18日｜松崎義徳｜トレーシングペーパー・インク｜A2［404×554］｜23%

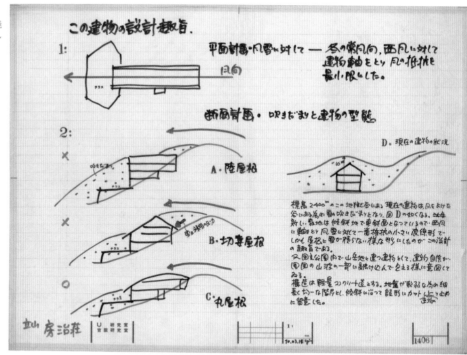

[左] アルペンルート立山、標高2,400m雷鳥沢に建つヒュッテ 1995年
[右] 冬は雪に耐える屋根の形は、県立立山荘と同じ構成

ヒュッテから雷鳥沢、3,000メートル級の
別山、真砂岳、立山を望む

立面図 北・東
1:200 ｜ 1970 年 7 月 2
日｜松崎義徳｜トレーシ
ングペーパー・鉛筆・色
鉛筆・インク｜A2［403
×552］｜20%

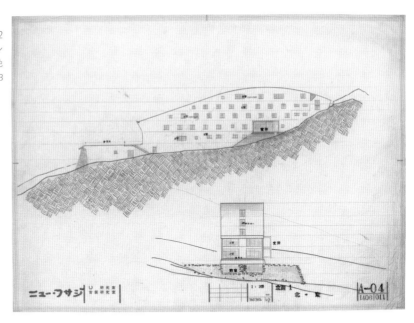

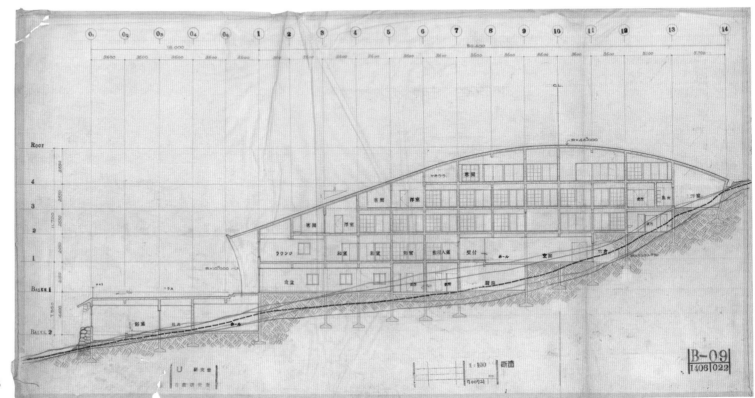

断面図　1:100 ｜ 1970 年 7 月 21
日｜－｜トレーシングペーパー・
鉛筆・色鉛筆・インク｜A2 長［405
×792］｜25%

902

富山県立 立山荘

富山県弥陀ヶ原 | RC造3階・1.301.76m²
1963年 設計、1996年 改修、増築

　富山県教育委員会によって建てられた国民宿舎である。ここ立山弥陀ヶ原1,980mは日本海から重い雪が多量に吹きつける。風による吹き溜まりも多い。そこで、これによる障害を除くことから風に向けてできるだけ凹凸のない単純な形をとり、屋根は流線形とした。

松崎義徳『吉阪隆正集 14』

流線形の屋根を左手の山側に伸ばして、宿泊室の増築をした。富山平野を一望し、雲海に沈む夕陽を眺めることができる

山では良心に従うということが
徹底している。
スイスの山小屋は、
小屋の建築もしっかりしているが、
それ以上に
使う人の態度がしっかりしている。

「世界の山小屋物語」『山と高原』
1961年3月　初出
『吉阪隆正集 14』再録

立山 弥陀ヶ原
立山荘は、1963年に第1期の設計、1995年から第二期の設計を始め、改修、増築工事を行った

黒部平駅 増改築

富山県立山| RC造地下1階地上3階 | 1970年設計、1971年増築

大観峰駅 増改築

富山県立山| RC造＋S造 | 1971年設計

　いまにも転がり落ちそうに岸壁にへばりついているこの駅舎は、黒部湖からのロープウェイの終着駅で、そこから立山直下を3.5kmのトンネルで室堂ターミナルに結ばれている。冬季は雪崩がここを通過するたびにビリビリ響く爆烈音と爆風震動で、これがこの世の終わりかと命が縮む思いがするそうだ。岩壁上部からの落雪をスムーズに谷底へ落とすために、駅舎に屋根をつけ、その下を休憩、展望食堂とする計画をした。

松崎義徳『古阪隆正集 14』

立山黒部アルペンルート、立山ロープウェイ、標高1,828m黒部平駅を出発して、岩壁に建つ大観峰駅2,316mを見上げる 1995年

大観峰駅から黒部平駅、黒部湖、後立山を望む 1995年

生身で世界を見直せということだったのだ。北などという抽象概念に引きずり回されず、大きく見える太陽をもとにしろということだ。　「かんそうなめくじ」〈新建築〉1976年2月

山岳・雪氷・建築

松崎義徳

[左から] アラスカ マッキンレー山カヒルトナ氷河 1960年**、竹のストックと板スキーで滑る吉阪**、北海道 然別湖の松崎 1996年

黒部立山アルペンルートと佐伯宗義

5月のゴールデンウイークから晩秋にかけて、多数の観光客が全国からここを訪れる。越中富山から信州大町を結ぶ山岳アルペンルートは飛騨山脈中の立山連山（3,015m）をトンネルで過ぎ、大観峰から黒部平駅まではロープウェイ、それから黒部湖までは地下ケーブルカー。黒部峡谷をアーチ式ダムでせき止めた、所謂黒四ダムを渡ると今度は後立山連峰赤沢岳（2,678m）下をトロリーバスで大町に抜ける。この日本で唯一の山岳アルペンルートを完成させたのが故佐伯宗義である。

初めて立山に行った1955年頃は、富山から立山の下まで電車が通じ、そこから登山電車で美女平（997m）。高原バスに乗り継ぎ弥陀ヶ原に降りると、シャレー風のホテルが建築中だった。

ル・コルビュジエのところから帰国後、佐伯宗義と吉阪が出会ったとき、日中雨傘をさして山を歩く吉阪がすっかり気に入った。彼の夢、このアルペンルートにジュネーブで育ち、父親に連れられてスイスの山を

スキーに山歩きに過ごした吉阪を引っ張り込んだ。

立山をトンネルで抜けて黒部側の大観峰（これも佐伯宗義の命名）から黒四ダムまでのロープウェイ、地下ケーブルカー工事は城内哲彦（当時間組の建築設計部）が大観峰と黒部平ロープウェイ駅舎の設計をした。構造設計は、八王子の大学セミナー・ハウス等の設計を一緒にやった田中彌壽雄早大教授に依頼した。後に、増改築工事をU研究室でやった。黒四ダムが完成し、石原裕次郎の映画「黒部の太陽」で一躍有名になった。富山から大町がつながり、そして東京に結ばれた。

越中から北アルプスを貫いて東京へ。佐伯宗義はこれを「立山黒部貫光」と名付けた。彼の夢はここに新幹線を走らせることだった。今、長野まで来ている。これが富山までつながるのが彼の夢だった。その時、越中富山は彼の持論の「都鄙」となるのだ。

森いづみと朋文堂山岳スキー協会

「山と高原」等を出版している「山の朋文堂」からも、「世界の山小屋物語」を書いていた吉阪に涸沢

ヒュッテ設計の依頼がきた。ここは北アルプスの穂高連山に囲まれた涸沢カールのど真ん中に位置する雪崩の巣だ。この現場も城内哲彦が通い詰めた。

その後、朋文堂山岳スキー協会の代表森いづみ、小林銀一は、安達太良山小屋（計画）、妙高黒沢池ヒュッテ、野沢温泉ロッジ、山田牧場ヒュッテ、そして雨飾山荘（新潟県梶山）と北アルプス、志賀、妙高高原、遠く安達太良山にまで山小屋やスキーロッジを計画した。このほかに早稲田大学山岳アルコウ会、蓼科ヒュッテ、大阪経済大学栂池ヒュッテを建てた。

また、同じ時期に後立山五竜スキー場計画をU研究室の戸沼幸市がすすめていた。野沢温泉に町立のスキー博物館を建てたのは宮本忠長氏だった。ここには吉阪の古いスキーが寄贈されている。

探検と研究——自然と人間と建築・都市

こういう話を聞いたことがある。早稲田大学の十代田三郎先生だったか、佐藤武夫先生だったか、卒業論文を書くのにお伴して一緒に中国に行った。そして蒙疆の一望千里天まで続いている地平線を見た彼は、突

然「ワオー！！」と、とてつもない声を出したと思うと両手を拡げたまま突っ走っていった。一瞬気が狂ったのかと思った、というのである。その話を聞くとさもありなんと思ったのだった。同じころ北千島ポロモシリ島に今和次郎先生の代理で調査にいった。そして『建築雑誌』や『雪氷』その他に調査報告を書いているが、『日本山岳会会報』にもチャンと寄稿している。彼は調査の合間になんとか暇をぬすんで山に登ろうと狙っていた。山好きの心理は、一メートルでも二メートルでも高いところに行きたい欲望を抑えることが出来ないものなのだ。硫黄山（1,134ｍ）にようやくひまをぬすんで登ったのである。この頂で「まず正面の雲海の上に聳えるアライト富士のあまりに美しいのに驚きの声を発せずにはおられなかった。逆光に青く光って浮かび上がったその円錐形の山に、手にとるように見えるその頂の峰々に、しばしば恍惚として立っていた。」のである、大自然を前にしたときの感激は、美しいとか素晴らしいといったものではない。ただその荘厳さに恍惚となり涙を流す。

　山に向かう人も百人百様、それぞれ異なった心を持って山に向かうが、総ての登山者は理想主義者だといわれている。同じ年11月初冬の富士に単独で立った彼は「一面の雲海の上から世界を眺めているとあくせくとした下界での自分の姿が実にみじめに感じられる。すぐ向かいに堂々と座って、左に大菩薩峠や秩父の連山をひかえ、右から後方にアルプス連峰をひかえている八ヶ岳のように落ちついて、日本一の山富士とも何ら臆せずに相対しているそんな人間になりたい」と書く。山は人間を考えさせる。彼も死ぬまで山に回

帰していた。都会で消耗した心と体に山でオゾンを補給しては都会に戻り、この現実の世界の理想実現のために、自然と人間と建築・都市の調和を願いそのための方途を探し求める。その探求のし方が、西丸震哉氏の文章にズバリと書かれている。「他の趣味、運動をべつに悪くいうつもりはないが、登山、探検だけは、それに時間をかけてのめり込むほど、研究、人格、人生観に奥行きができて、他の人が思い到らないような発想も湧き、当然のことながらガマン強くもなる。」「登山、探検では命にかかわることがアッという間に起こる。他の人の安全まで責任を負えないと、チームとしての目的が遂行できないこと、経験、知識、カンを総動員して、こうと決めたらウジウジしないでつき進むこと、プランがどうであれ、新事態が発生したときは、一瞬ためらわずに最善の方法を組み立てて大転換でもできること、その気になって興味をもってみれば、人の気がつかない現象が目に入ってくること」（吉阪隆正集第15巻『原始境から文明境へ』解説）以上述べられていることどもは、そっくりそのまま吉阪が、コンペをやるとき、作品に取り組むとき、討論をしている時の彼そのままではないか！

　京都大学名誉教授の今西錦司氏は猛威をふるっている大自然の中から生きのびて還ってくるためには、自分の中にある本能、経験、知識、カンを総動員して対処しなければならない。一筋の光明を探し当てることができるかどうか、いつにこのカンにかかっている。このカンを養い磨いてくれるのが山であり探検なのだ、ととこかに書いていた。そして彼はあれ程の探検をし、研究をし、人材を輩出させた。彼の場合、探検

と研究は同意語なのである。探検＝研究であり、登山＝研究、学問なのである。山と学問はぴったり一つになっている。西丸震哉氏はまた「吉阪さんの有形学というのは専門外なのでまったく知らないが、私は食生態学という分野を作り出した。同じ探検好きだから、人のやっていない境地を作り出して、そこへのめり込んでいく気分はまったくよくわかる気がする」（同解説）。吉阪自身『有形学へ』の中で次のように述べている。「それは風車に向かって突撃するドン・キホーテみたいなものだと私もよく自覚しているのだが、一方では私のおいたちがそういうことに興味を持たせるように働いて、知りたいという欲望を起こさせたし、他方では何となく次の世紀に是非必要欠くべからざるものになりそうだという予感が、いつの間にか使命のような力となって私を押しているように思えるので、業だと考える他ないかも知れない。だが有形学は絶対にいつまで経っても完成されることがないということになる。これはとんでもない迷路に入りこんでしまったものだと気がついているが、どこまで行けるか大変興味のある探検である」。

コルの海とタカの山──私、海が好きじゃない

　タカは彼の人生で偶然にぶつかってしまった、ル・コルビュジエという大氷山と、終生かかわることになる。あらゆる時、あらゆる場面で否応なしに顔を突き合わせることになった。彼はいったものだ。「つまるところ、コルは海が好きで俺は山が好きなんだ」「も一つ、コルには子供がなかった。これは人生観の上でまた設計の上で大きな違いだ」（『私、海が好きじゃ

ない』アグネ出版、1973年）と。

コルはスイスの山の中で生まれながら、山には興味がなく、海が好きだった。最後は南仏の海で命を落とすのである。タカはコルのところにいる間、コルがちっとも山の話をしないとボヤいている。忙しい二年間の留学の間にも日本山岳会にちゃんと手紙を送っている。1951年『巴里便り』。新聞だとフランスからガルワールヒマラヤに登山隊が出るようだ。日本の講和条約はどうなっているか？　ヒマラヤ遠征計画はどうですか？　ダウラギリ東面は谷をつめると有望だと思うが如何？　そして具体的にいろいろ提案し、情報を集めて送っているのである。またその中で「ル・コルビュジエ氏最近インド、パンジャブ首都の計画で夢中ですがちっとも山の話をしないのは惜しいことです。この話のあった一月頃ずいぶんシムラ（注・ここからヒマラヤが眺められる）へ一緒に行きたかったけれど、とうとう駄目でした。実に残念です」と書いている。コルのところから帰って来ても、南極探検、アフリカ横断、マッキンレー登山、北米横断、そして南米ツクマン大学の二年間、世界中をチャンスをつくっては飛び歩いた。コルのところで一緒だったインドのドシーは「タカは建築家じゃないよ、彼は山の方が好きだから」といった。タカの興味は建築から都市計画へ、都市計画から農山村、漁村へ、雪国の住居へ、またインドから韓国、台湾、中国、オーストラリアへと移る。どうやったら皆が平和に暮せるか？　死の直前、それを『生活と形──有形学』にまとめた。「今はまだ解ってもらえないかもしれないが、これはバイブルのようなものだと思う」と彼はいった。

亡くなる二年前、タカはコルの『全集』を完訳する。そしてコルの墓に詣で、お墓に生えていたアロエの一株を持ち帰り自宅の庭に植えた。「ああ、これで一安心です」とタカは嬉しそうにいった。

山に行く時には、いつも「行きませんか！」と声をかけられた。早大山岳アルコウ会の東北集中登山にも誘われて、一週間ほど朝日連峰を縦走した。亡くなる二、三年前にも黒姫に登ったが、この時は「えらく弱くなったなあー」とちょっと不安だった。山岳部長時代、K2登頂者の大谷映芳氏を隊長にパキスタンのラカポシに遠征隊を出したが、この時もベースキャンプまで行く日程を組むのに一生懸命だった。亡くなる年の8月末徳本峠行きを誘われた。峠だけじゃつまらないと断ってしまった。彼は島々から二日掛かりで峠にたどりつき、そこから彼の青春の山穂高、明神東稜を心ゆくまで眺め、お伴をした弟子に「人生は山登りのようなものです」と言った。そして奇跡的に晴れた僅かの間に感謝しつつ、あたかも永遠の別れを告げるかのように峠から引き返した。病院のベッドで「K2に行きませんか」と彼はいった。一瞬「行きます」と答えた。僕はその気になった。OBの今村俊輔氏にいろいろお骨折りいただいて、同行が許された。早大K2登山隊にくっついて行っていたら、スカルドからダッソー、アスコーレ、あのバルトロ氷河を詰めコンコルディアからK2のベースキャンプへ、美しきカラコルムの峰々の中でも一際大きい巨人K2を仰ぎ見ることが出来たろう。彼らが無事に8,611ｍに登頂して帰国したとき、僕は行かなかった自分の腑甲斐なさを呪った。

コルは海に戻り、タカはK2に帰った。人類始まって以来これ以上高い処にお墓を持っている人間はいない。標高8,611マイナス50＝8,561ｍのお墓だ。彼は幸せな人だったと思う。

彼が亡くなった正月、僕は北八つの山頂小屋で二晩吹雪に閉じ込められた。「誰もいないから出てきてもいいですよ」と言ったが、彼は出て来てくれなかった。いや、隅のボーッと白いのが彼だったかもしれなかった。

『探検と研究』自然と人間と建築・都市／
『私、海が好きじゃない』コルの海とタカの山／
『吉阪隆正集 14』山岳・雪氷・建築　解説より

野沢温泉スキー場の吉阪と長女 岳子　1970年頃**

1917	吉阪隆正 誕生
1921-23.29-33	父 俊蔵の赴任先スイス、ジュネーブで生活、中学生の頃、父とスイス アルプスの山々を歩く
1935	早稲田大学第一高等学院入学、早大山岳部入部
1937	日本山岳会入会
1938	早稲田大学建築学科入学
1939	北千島学術調査隊 参加
1941	北支満蒙調査隊 参加
1950	戦後第一回フランス政府給費留学生として、パリのル・コルビュジエのアトリエ勤務（～52年）
1954	5人の創設メンバーが集まり、吉阪研究室の設計活動を始める
1955	『環境と造形』河出書房 出版 南極建築委員会 日本建築学会 委員（～63年） 日本雪氷学会 理事（～59年） ヒマラヤ K2調査遠征の企画書作成
1957	**304 立山開発計画** 富山県立山町 **307 劔山荘 計画** 富山県劔沢

劔山荘の計画は山岳都市像のイメージの一齣であることを付加しておく。
あたかも "啄木鳥" がついばんだ小さな虫にも似たこの小屋がやがて山岳都市への曙光となることを暗示し、ここへ登り来る人々の生活にどう反響するかそれを聞きたい。と同時に今後の大きな課題であると考えている。

307 劔山荘 模型写真**

古蹟を掘り返す人々が求めるものは、古代への郷

愁というよりはやはり "人工土地" "人間家族" への再認識であろう。してみれば、個々の小さな建物一つ一つが計画的に遂行されるとき、地域特有の都市像を呈示するものと考えるのは不当であろうか。北アルプスの "良さ" を云々する前に岳小屋の一つ一つがもっと秩序づけと調和とを考慮してゆく必要がある。個の美しさは即全体の美とは言い兼ねる場合がある。
人生の関門から人間経世へ
そして、人工土地、人間家族の近親感が劔をとりまく数々の岳からひしひしと、しかも静かに察知することが出来るといえよう。
劔山荘の計画に想いて『雪氷』1957年11月初出、『吉阪隆正集 14 山岳・雪氷・建築』再録

赤道アフリカ横断、キリマンジャロ山登攀
早稲田大学赤道アフリカ遠征隊は、1957年12月から翌年3月まで、ケニアのモンバサからベルギー領コンゴのレオポルドビルまで10,000kmの大陸横断をした。1月キリマンジャロ、6,010mの主峰ギボ峰とマウエンジ峰に登攀。

1959	**503 朋文堂 安達太良山小屋 計画** 福島県安達太良｜木造2階｜309.717m²

初めて依頼された山小屋の設計。山岳図書を出版している朋文堂の依頼であった。最初の案は、風

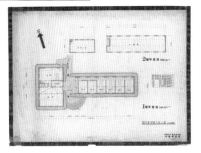

503 朋文堂 安達太良山荘 [上] 石積みの外観『吉阪隆正集 14』[下]1階、2階平面図｜1:100｜－｜－｜A2

に向かって先端が丸くなっているパースの案。外部は石積みだった。

	506 朋文堂 涸沢ヒュッテ 新館 計画 長野県上高地涸沢｜木造2階｜450m²
1960	北米大陸横断 マッキンレー山遠征 早稲田大学マッキンレー山遠征隊は1960年4月から7月、アラスカからカナダ、ボストン、バンクーバーへと、25,000kmの横断は民間交流の旅であった。
1961	アルゼンチン、国立ツクマン大学招聘教授として、二年間の赴任 アルゼンチンへは、富久子、正邦、正光の一家で滞在する。1962年7月長女 岳子誕生。10月に帰国

ベントのピッケル

早稲田大学に入学して、山岳部に入ったことを父は喜んで、その翌年スイスへ行ったときにベントのピッケルをグリンデルワルトから買ってきてくれた。柄がひどく短いので驚いたのだった。日本ではグリセードぐらいにしか使わないので、それには大変不便だったが、山行に携えていく車中などでは具合がよかった。

戦災に遭って、このピッケルはなくなったと思っていたら、焼跡からうまく見つかった。さすがよい鋼と見えてまだ命を託するに充分のようだったので、柄の木部だけを取り替えて、戦後も愛用することになった。（略）その後、日本での山行にはもちろん、アフリカのキリマンジャロへ、アラスカのマッキンレーへも同行した。一昨年はやっと里帰りしてスイスへ持っていった。

『山と渓谷』1974年7月、『吉阪隆正集 14』再録

701 大阪経済大学 白馬ヒュッテ
長野県小谷村｜木造＋CB造2階｜109.42 m²

白馬の神の田園のはずれ、多雪の地である。標高1.800 m。唐松岳から八方尾根が正面に眺められる。この小屋の建築資材全部は、1年生から4年生の山岳部員20名足らずの手で背負い上げられた。山麓の部落から小屋まで高度差1,100 m、学生の汗と涙の結晶である。
松崎義徳『吉阪隆正集 14』

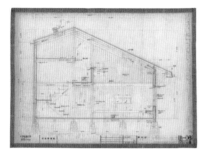

701 大阪経済大学 白馬ヒュッテ 詳細図｜1:20｜松崎義徳｜1961年6月10日｜｜A2

702 朋文堂 涸沢ヒュッテ 新館
長野県上高地涸沢｜木造2階｜334.884 m²｜1961年設計、1963年竣工

703 黒沢池ヒュッテ 計画
新潟県妙高黒沢池｜木造2階｜490,38 m²

『原始境から文明境へ』相模書房 出版
『宇為火タチノオハナシ』相模書房 出版

1963

902 富山県立立山荘
富山県弥陀ヶ原｜RC造3階｜1.301.76 m²｜1996 改修、増築

904 五竜スキー場 計画 長野県安曇郡五竜

907 立山山岳ホテル 計画
富山県立山町室堂｜RC造地下1階、地上4階｜3.844 m²

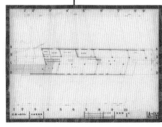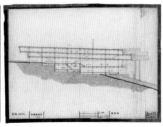

907 立山山岳ホテル 計画
[左] 1階 平面図｜1:200｜城内哲彦｜1963年4月20日｜｜A2 128_020
[右] 断面図｜1:200｜松崎義徳｜1963年4月20日｜｜A2 128_015

立山室堂平に計画した日本で初めての本格的な山岳ホテル。スロープの廊下に沿って客室があり、中央のショートカットの階段でホールにも直結する断面が、敷地の傾斜を利用して考えられた。
『吉阪隆正集 14』

910 日本登山学校山岳会館 計画
RC造｜10,000 m²

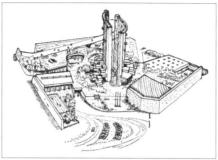

910 日本登山学校・山岳会館『吉阪隆正集 14』

1964

大学から新宿百人町に移り、U研究室に改組して設計活動を広げていく

1001 早大山岳アルコウ会ヒュッテ 長野県蓼科｜木造平家｜115.51 m²｜1964年設計

1003 東海テレビ 湯の山・山の家 計画
長野県湯の山｜RC造地下1階＋地上2階｜507.64 m²｜1968年設計

長野県湯の山は各会社の厚生寮ブームになっている。花崗岩のかなり急傾斜地で、斜面をそのまま利用した断面をとっている。尾根からの土砂崩壊を恐れて斜面に沿って配置した。
松崎義徳 吉阪隆正14

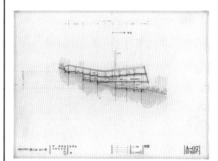

1003 東海テレビ・湯の山の家 計画
断面図｜1:200｜松崎義徳｜1964年10月26日｜A2 132_057

1006 朋文堂 涸沢セントラルロッジ
長野県上高地涸沢｜S造＋テント平屋｜96.20 m²

1965

1104 大島町・元町復興計画
水取山計画 東京都大島町

1966

1207 黒沢池ヒュッテ
新潟県妙高黒沢池｜木造2階｜152.575 m²｜1961年計画、1966年設計

1967

130D.E 大島町・元町復興計画
吉谷公園、浜宮公園／東京都大島町｜RC造平屋｜19.96 m²

1303 雪氷学会メダル
雪の結晶の形、六角形をモチーフにして、学会賞を正六角形に、功績賞を、その変形にと、それぞれデザインした。

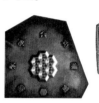

1968

1403 野沢温泉ロッジ
長野県野沢温泉｜RC造地下1階＋木造3階｜225.54 m²｜1968年設計

702-2 朋文堂 涸沢ヒュッテ 増築
長野県上高地涸沢｜木造階上部分｜164.8 m²

1405 青鹿寮 計画 岩手県田野畑村｜木造2階｜167.5 m²

早稲田大学の植林サークルのための合宿所である。ガケからこぶしを突き出した、こぶしの中は12面体だ。ここに若い熱気がぶつかりあうようにと計画された。浴室・便所・厨房などは橋をわたった広場にある。

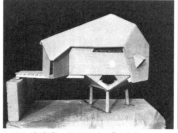

1405 青鹿寮 模型写真、『建築』1971年1月**

1406 ニュー・フサジ（現 雷鳥沢ヒュッテ）
富山県立山地獄谷｜サーモコン造＋RC造地下2階、
地上4階｜2,951.34㎡

1969

1503 ヒュッテアルプス
富山県極楽坂｜RC造地下1階＋木造地上2階｜
294.48㎡｜1969年設計、現存せず
立山の麓、極楽坂スキー場に建つこのヒュッテは、
4本の塔を持っている。この塔の中ではベッドが
縦に積み重なり、大部屋と個室の両方の特質を
持った空間を作っている。もう一組の4本の塔を
加えて剱の八つ峰にしようと計画した。
松崎義徳『吉阪隆正集 14』

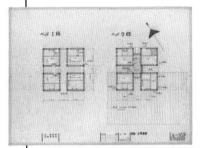

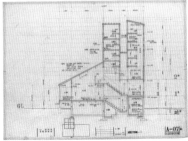

1503 ヒュッテアルプス
[上] 2階上部 平面図｜1:50｜ー、富田玲子｜1969年8月
5日｜｜A2
[下] 立面図｜1:50｜富田玲子｜1969年8月5日｜A2

1970

1603 箱根国際観光センター設計競技
神奈川県芦ノ湖畔｜SRC造5階｜23,544.3㎡

1606 黒部平駅 増改築
富山県立山｜RC造地下1階地上3階｜855.246㎡
｜1970年設計、1971年増築

1971

1606-2 黒部平駅 増築
富山県立山｜S造2階｜219.1㎡｜1970年設
計、1971年増築

1702 大観峰駅 増改築
富山県立山｜RC造＋S造｜219.1㎡｜1971年設
計

1703 朋文堂 山田牧場ヒュッテ
長野県志賀高原｜CB造＋地上2階｜406.03㎡｜
1971年設計、1976年竣工、現存せず
南志賀高原、標高1,500mの山田牧場は、冬はス
キー場、春秋には大学や一般の合宿に使われる。
真冬の西風に向かって大屋根を掛けおろし、食堂
や宿泊室のまわりにぐるりと風呂、便所、乾燥室
などを配してその間に大きな土間を設け、雨の日
はここで卓球もできるし、スキーの手入れもでき
る二重空間をつくった。 松崎義徳『吉阪隆正集 14』

1971年第1案の円筒型計画には、金山ヒュッテと
山田牧場ヒュッテの作品名が描かれている。環境
庁から丸い屋根の許可が下りず、大きな屋根を掛
けて「すそ野」を広げる案となった。

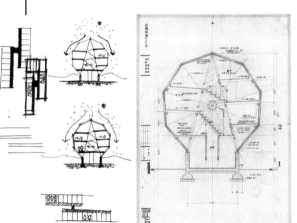

1703 朋文堂 山田牧場ヒュッテ、金山ヒュッテ
[左] 平面、断面スケッチ｜ー｜ー｜ー｜｜A3
[右] 断面詳細図｜1:30｜伊藤一雄、松崎義徳｜
1971年4月10日、1972年10月14日｜｜A2

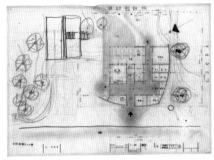

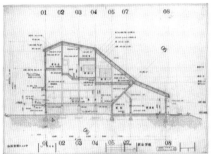

1703 朋文堂 山田牧場ヒュッテ
[左] 1階 平面図｜1:100｜三宅豊彦、松崎
義徳｜1975年9月29日｜A2
[右] 断面詳細図｜1:50｜伊藤一雄*｜ー
｜A2

1972 『アニマルから人間へ』『ピラミッドから網の目
へ』早稲田大学「21世紀の日本研究会」紀伊国屋
書店

1974

**2002 新スキー場
別荘モデルハウス計画**
新潟県妙高

1975 長野県 環境大学 学長、3月開講

1977

2301 目時農村公園
青森県三戸町 敷地3,000㎡・1977年設計、竣工、
現存せず

1978

2403 高屋敷農村公園
青森県八戸市 敷地3,000㎡・1978年設計、竣工

1980 『生活とかたちー有形学』テレビ大学講座テキス
ト 旺文社

1981 カラコルム山脈 K2峰に早稲田大学 K2登山隊登
頂

製作：2023年1月 齊藤祐子

環境と造形

吉阪隆正

出発点

ここでいう環境とは、

人間を中心として見たときに、

その人間を、とりまく世界のことであり、

それは、宇宙のなかの

無数にある恒星・惑星中の地球、

それもその表面という

薄い球面の僅かな層だが、

光がきらきらと輝く世界である。

なればこそ聖典の第一ページに「神光あれといいたまいければ光ありき」

と書かれているのである。

まだ他の星の世界のことは私は知らない。

しかし少なくともこの地球の表面は、

極地から赤道まで、高山から深海まで、大陸から小島まで、

24時間という周期と、一年という四季の繰り返しによって、

千変万化せしめられている。

さらにその上に、いつ、誰がいったかわからないが、

「生めよ殖えよ地に充てよ」と

ここ20数万年の間に

人類は20数億人*を数えるようになり、

地球上に、ほとんど隈なく分布し、そのいろいろな自然の中で、

それぞれの生活を営んで来た。

ある者は牧草を求めて毎年大陸をせましと何千キロを経めぐる遊牧民となり、

ある者は昼なお暗い密林に、多くの禽獣とともに原始的な生活をおくる。

乾燥と酷暑に続くモンスーンと蒸し暑さ、だが豊饒な印度で栄えた者もある。

炎熱の砂漠と大河の氾濫と闘って、打ち克ち、古代文化の中心を作り上げた人々もある。

山紫水明で、空気の透徹したギリシャをはじめ地中海に生を楽しんだ人々も、

霧に包まれ、陰鬱な天の下、痩地に力作して過ごしたイギリスや北欧の人々、

一年の大部分を雪と氷に閉ざされて、白銀の世界に住む極地付近の人々、

広い海を渡ってしか外界とつながれなかった大洋の中の離れ小島に流された人々、

箱庭のように隅々まで細やかで、季節毎に変化の多い、きれいな日本に育った人々、

荒漠たる原野も、人間の支配に入ったエネルギーと機械文明の力で改変してゆこうとする人々……、

誠にその多様さは掲げるにいとまないほどである。

だが、その中に何か人間に共通な反応がありはしないか。反応の結果はさまざまな形をとっていても、その奥には何らかの法則が見出せるのではないか。

人間によって改造されていない自然

大自然の景観は、人間にとって住みよかろうが、住みにくかろうが、そんなことはお構いなしに、自然の法則に従って出来上がりまた変化しつつある。

人間どもはその中で住みよい所を求めて動いた。そこでは他の動物との生存競争も、あるいは人間同士の勢力争いもあったろう。

一滴の水もない焼けつく砂漠も、その彼方にエデンの園があるだろうと乗り越えて行ったこともあったろう。

泥沼で足がかりのないじめじめした大河のデルタ地帯が、意外に豊穣であることを発見したこともあったろう。

冷たい氷と雪ばかりと思っていた所で、朝日に映える美しい山容にしばし佇んだこともあったろう。

水平線の向こうは大きな滝になっていて、地獄に落ちると考えられていた所へ、冒

険心止み難く小舟をのり出して、蓬莱島に辿りついた者もあったろう。

だがまた、せっかくの楽園と腰をおちつけていた所へ、突如火を噴いて溶岩と砂礫に覆われてしまったものもあったろう。

さまざまな自然の、さまざまな姿に接して来た人間は、この自然の恐ろしさに怯えたことも、この自然の美しさに魅せられたことも、この自然の豊かさに感謝したこともあったろう。

これらさまざまな経験が、人間の自然に対する反応の出発点となっている。反応は行動を伴い、行動の結果は形としてあらわれた。だが、同じ反応に対し、同じ形は必ずしも生まれなかった。

ここに造形の謎がひそむ。

人間：——その生いたち

地球上の生存競争は、今なお激しく続けられている。

何ものよりも速やかに、その住む世界に適するように自分を改造するか、さもなくば自分に適するように世界を改造するかした者が勝つのである。そして勝った者だけが残り、勝った者だけが、この世の幸福を得られるのである。今の所は人類はその勝者らしく見える。

その人間が、生まれる時には、祖先の長い闘争の結果を遺伝として承けついで、今の赤児の形をとっている。その形の中に、この世で勝者たるための体質や、性格などまでが組合わさっているともいえる。

だが、「氏より育ち」という諺もあるごとく、人間は生まれてから後の各個人の経験の上で、周囲への反応の仕方がさまざまになってゆく。自然あるいは社会の改造は、その人自身の改造をも含めてこの各個人個人の、そしてその集団の反応の積み重ねの上に出来上がるのである。

こうした変化は人々の関心の中心点のあり場所、いいかえれば、人生における重点の置かれたところへと移ってゆく。

それを傍では、必要に迫られてやったとも、遊びとしてやったとも見るかもしれない。だが御本人は、「それ以外にできない」のである。

それはその本人が、祖先から承けついだ血の上に、

その本人がどこで育ち、どこに住み（それはまたどう育ち、どう住むかを含むが）いつの時代に何歳だったかに、関係する。

その時、そこに、その人が持ち合わせた意志と経験（知識と技術と判断）と、その刺激に対する彼の反応の強さ（熱心の度合、対処する態度）とによって異なる。

その行動が、うまくいった場合に彼は歓ぶ。

その歓びは美しいものに対した時、彼が歓ばしく思うそれと通じる。

彼の成功が真の成功であるためには、彼以外の人々もそれを成功と認めることであらねばならない。

そして皆が成功と認めることは正しいこととされるのである。

正しいことは他の人々にも歓びを与え、歓びを通じて美へつながる。

かくてわれわれは、こうして生み出した美しいものは、大切に保存しようと努力してきた。歓びをいつまでも保たんがために。

歓びのある所は幸福の国であるから。

悲しいかな、周囲の状況は変転極まりなく、かつての成功の因も今は必ずしも同じ結果を生んでくれない。だからこそ、われわれは永遠に新たな試みをくりかえしつつあるのだ。そして新たな美をつくり上げようと。

多様な造形の姿を摑む鍵は、人間のこの動きの中にこそ見出されるであろう。

＊2022年では世界人口は79億人
『環境と造形』造形講座第3巻　1955年　河出書房
『吉阪隆正集 5』再録

箱根国際観光センター 設計競技

神奈川県芦ノ湖畔｜SRC造5階・23,544.3㎡｜1970年計画

　要綱のテーマは「新しい自然の創造」。はるかな暗黒の原始宇宙を含み、地球の中心まで大自然とは何か？　人間は何をすべきか？　の問。おもしろそうだ。やってみよう。

　最初は大竹ジュニア（大竹康市）と樋口裕康が2人で取り組んだ。逆円錐形を地中に埋めこんだ案に変わってきたところで、大竹十一が粘土模型の脇を通りながら一言「低く」とつぶやく。少し削ってみる。次の日「もっと低く」と。削る。その繰り返し。案は進展しているようには見えない。5日たった夜中、建物すべてを土の中に埋めて、周りの山もろとも金属のスプーンで、エイヤッとばかり球体にえぐりとる。真黒く光る球体の出現。宇宙に広がってゆくその瞬間、景色が変わる。空気が全部変わる。それまで知らん顔で、まったく相手にしなかった人が動き出す。

　吉阪が説明書を何度も書き変えながら大股で歩きまわる。大竹十一は訳のわからない鼻歌をくりかえす。松崎が樋口の図面を奪いとる。真黒なエンピツ描きの屋上プランを消しゴムとカーブ定規で、黒を消して光を入れていく。「君には他にやることがあるだろう」と。

　最終案が粘土でピカっと光った時は、全員参加だ。気がつくと20名を越えていた。「とったぞ」バラバラだった全員の思いが一つになっている。象徴的な事件だった。

　〆切りは夜中の12時。タクシーに4人乗り込み新宿郵便局へ。急に雪が降りだし街を白く染める。こんなおもしろいドラマチックなことが起こるのだ。これだからコンペはやめられない。

　　　　　　　　　　　　　　　　　　　　樋口裕康　2023年3月

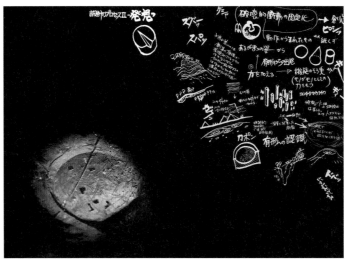

［上］大地に打ち込んだ楔を削りとる、配置模型　1:1000＊＊
［左］『建築』1966年1月＊＊

▶ 右頁　仕上がった図面を前に、消しゴムを手にした松崎は一筋の光を描き加えた
広場平面　1:500｜1970年｜樋口裕康・松崎義徳｜トレーシングペーパー・鉛筆｜A1［584×892］｜34%

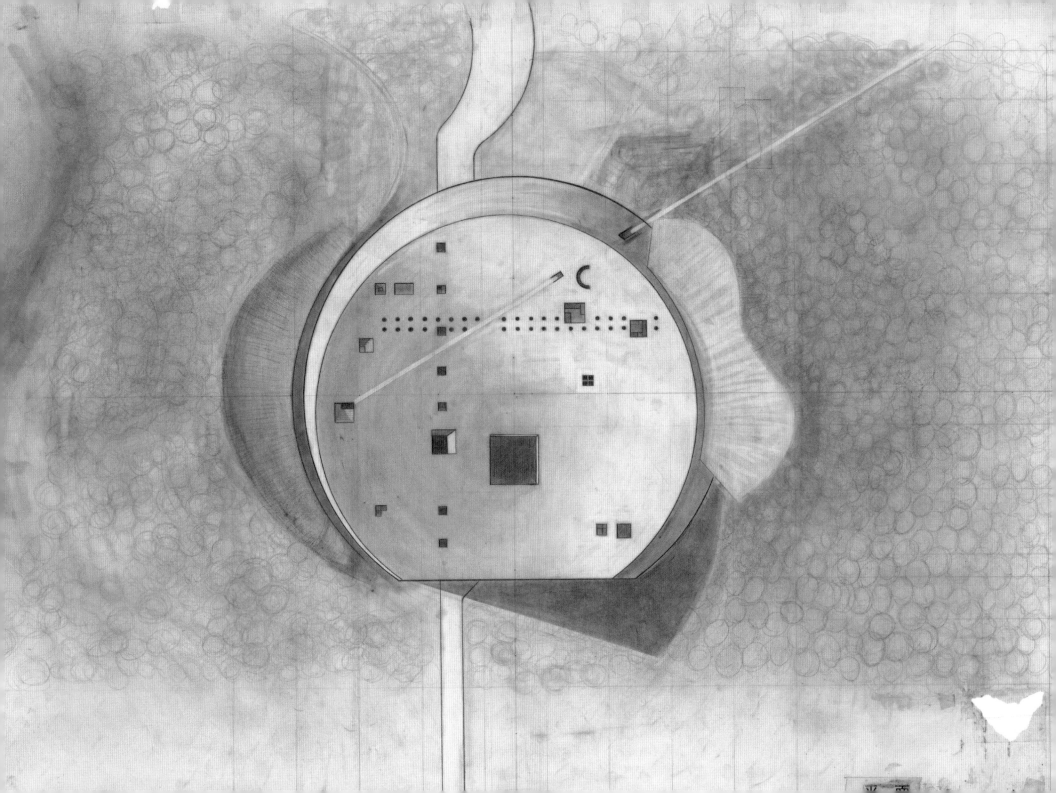

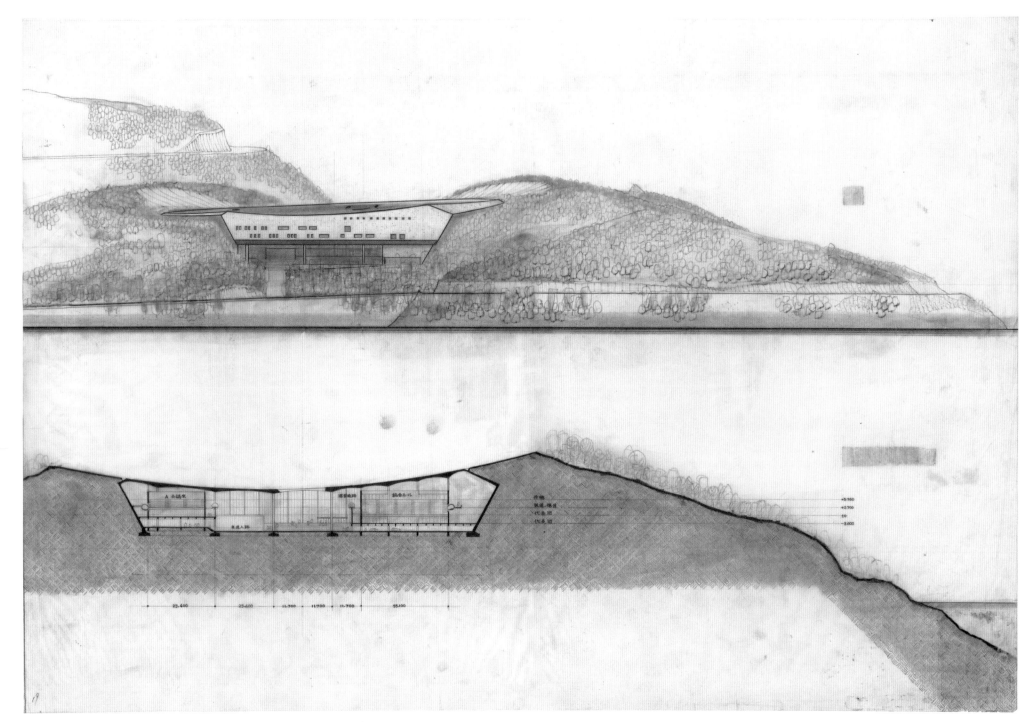

立面・断面 1:500 | 1970年 | — | トレーシングペーパー・鉛筆・色鉛筆・インク | A1 [538 × 797] | 34%

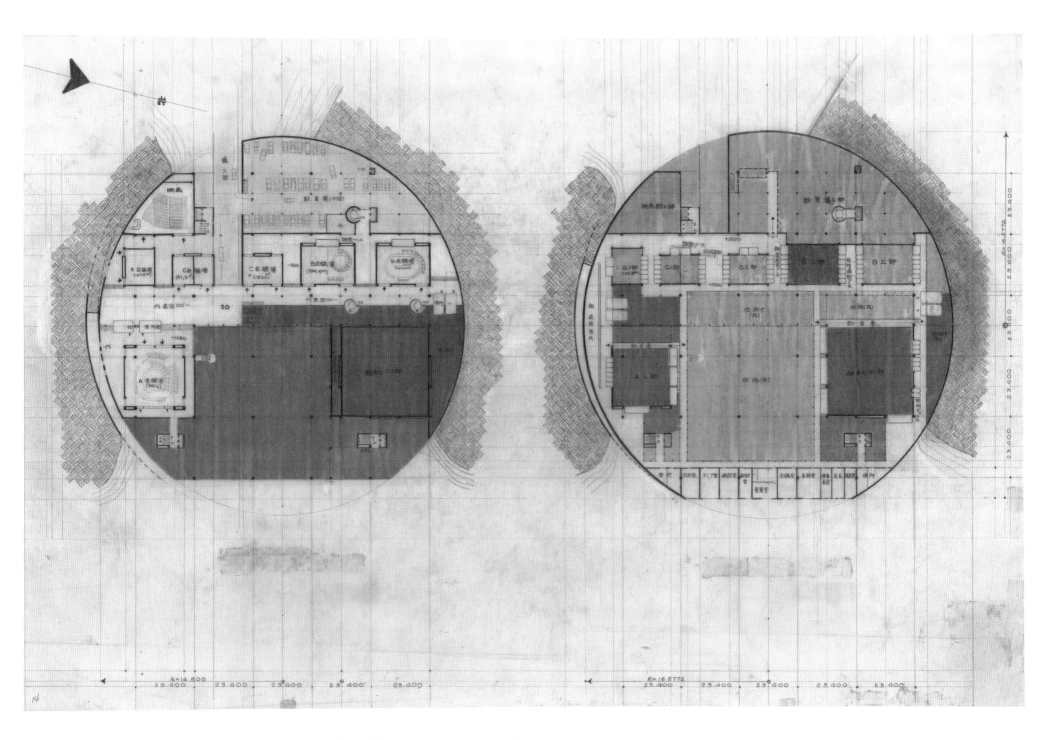

平面図 1:500 | 1970年 | 樋口裕康・松崎義徳 | トレーシングペーパー・鉛筆・色鉛筆・インク | A1［525×797］| 34％

光が闇の中を
──箱根国際観光センター

吉阪隆正

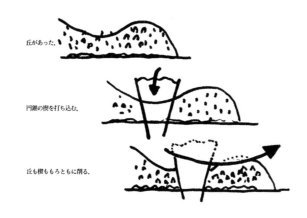

丘があった.

円錐の楔を打ち込む.

丘も楔ももろともに削る.

課題は何か?

　今回の競技設計の応募趣意書ならびに質疑応答を読んでいると、「大宇宙を含む大自然を、人間はどう受けとめるのか?」ということを大上段に質問されているようだし、それを形姿のある提案で答えよといわれているようにとれる。現在の自然と人間との関係には希望とともに一種の危機感が混在していることに、このような問いを発する原因がひそんでいないだろうか。小さな島に多くの人が住んでいる日本では、特にこのことを鋭敏に感じとる要因が揃っている。

　一つには対立するともいえる自然観の存在があり、また技術革新によって自然の人工化の急激な進行があるからだ。加えて、このたびの敷地が国立公園内にあるということが、前記の課題の解決の必要をきわだたせている。

自然観について

(a) 印度や中国の影響をうけて発展してきた日本には、これら東洋的な自然哲学が心の基盤に強く存在している。そこには因果応報や天命といった自然のとらえ方が

あり、人間がこれに逆らえば亡ぼされると感じとっている。したがって人工的な文明はどんなに華やかになっても、いつも死のかげがひそんでいる。島国の日本では大変に敏感にこれに反応し、わび、さび、幽玄といった形でそれをのりこえようとしてきた。

　精神的なこうした態度は拡大解釈されて、無関係な事柄にまで適用されるとき、諦めや退嬰を生みだす。

(b) 近世以降は、西欧に育った自然科学がこの日本にも大々的にとり入れられた。そこでは自然の法則は究明できないことはないとし、それを心得れば利用開発が可能であり、人類の福祉に貢献するように活用できると考える。そこには生への限りない楽観があり、倦くことのない追求の姿勢が支持される。

　物質界を出発点とした体系だが、これを拡大解釈していくと、科学が進めば人にできないことはないとの妄信を生む。

　これら二つの考えは正しくもあり誤りでもある。拡大解釈にうつる前までについては聞くべきであり、それからあとは人類の危機につながると見てよい。

　ところで、この両者とも主として自然の機能、内容に関心を向けている。この両者とも自然の形姿にまず目をつけ、その底にひそむ本質を探究しようとしたのだった。

(c) これに対し形姿それ自体をとり上げ、理屈ではなく「感動」としてとらえる仕方がもう一つある。芸術はこの方面から接近したものであったし、それはある意味で直感的に前二者を含んでとらえ得る途を暗示していたのではあるまいか。

　いいかえれば「人間にとって」という基盤に立ってこれらの思想が組み立てられているのに、前の二つの自然観ではそれが自覚されなかった。そこへ今日、人口の急激な膨張と技術の強大化が発生し、「人間にとって」という、その人間の側の条件に大きな変化のあったことを考慮に入れなければならない。

　しかもその人間は実は、理性では割り切れない存在であることが明るみにでてきた。無意味な解釈の拡大をおこなうのもその非合理性の傾向にほかならない。

　そこで人間の側をつかむには、その非合理の世界を何とか共通項でとらえ得る物差を探さねばならず、それには「感動」という現象をとりあげることが一つの脱出口になりはしまいか。それはすぐれて形姿に関係しその変化にかかわることである。

感動の原理について

　感動は人の心の内に生じる現象だが、それは外界との接触の刺激からその人の生体を通じて反応し生じるものが大部分である。

外界の形姿　生体　内心の感動

　いま形姿に関するものをとりあげるならば、

(a) 一般に外界が複雑でわかりがたい姿を呈しているとき、身体が弱ければ困惑と恐怖を、強ければ闘志をもやさせる。また単純で把握しやすいものについては同じく安心や親近感を、または退屈を感じる。

(b) いま、もし何らかのきっかけで、複雑でとらえがたいものが単純な姿に要約できたとき、諦めていた恐ろしいものが急に身近な親しいものに変化することで心は喜びから感動となる。

(c) また、逆にいつも身近すぎてつまらないものが、その組合せなどを通じて、複雑難解な世界を覗かせてくれて、意表をつかれたとき、その驚きから感動が生じる。

　それらの感動を通じて新しい自然と人間との関係が成立する。ここで両者の間に一番大切な問題は、次の三つである。

（イ）二つの世界の比例　（ロ）両者の接点の始末　（ハ）相互貫入のあり方

一つの提案として

「それはここだ」とマークすることは人間の諸活動の根元である。形姿の世界では、それには楔を打ちこむ加え算型と、削りとるという引き算型とがある。砂漠や草原的風土で生まれたのが前者であり、森林地で見出したのが後者で、これら二つは今日までの造形の偉大な創造の根なのだ。

　私たちはこの二つの手法をあわせておこない、まず円錐状の楔を畑引山に打ちこんで、その頭を球面で削りとってしまった。人間の側からする力の表現だ。それは地震、噴火、あるいは浸蝕などの天然現象と同じくそれに当面した人々の心にハッと感じさせるだろう。見なれた平地に、ある日突然地割れを見つけたとしたら、人々は必ずやえらいことが起こりつつあるぞと気づくに違いない。それだ。

　なぜという疑問はそれから後である。どうなるかという憶測も間をおいてからである。その場にあった人間は直観にたよって察するほかない。そのような新しい存在である。

　この新しい環境は強烈であればあるほど、新しい秩序と安定均衡を求めるだろう。なぜならばそれは、機能の集積から生じたものであるよりは鬱積したものの爆発だからであり、価値転換だからだ。

　頭を球面に削られた大きな楔は、人工であって人工をこえる叫びなのだ。光が闇の中をつっきるようにすべてはそれからはじまるのだ。心はあってもまだ人はいない。無人の山にも似ている。ヒマラヤの山頂に目を向けた瞬間に等しい。登山はそれからのちのことだ。新しい自然がそこに生まれる。新しい自然の心をもとに、再び人間の世界をその中に築くのだ。しかしそこでは、内、外、前、奥、上、下なども旧来の常識も再検討されなければなるまい。　　『建築』1971年1月、『吉阪隆正集 7』再録

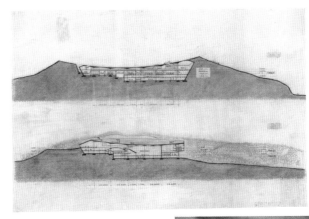

[上] 断面図｜1:500｜1970｜1:500｜−｜トレーシングペーパー・鉛筆・色鉛筆・インク｜A1 [537×816]｜10%
[下] 無垢材を削り出した模型

1104
大島元町復興計画

東京都大島町・1965年計画

元町の大火は1965年1月11日に発生し翌朝まで燃えつづけ、元町中心部はほとんど焼失した。翌日、吉阪を中心とするDISCONTグループは元町再建案を作成し、ただちに現地にとび地元住民組織および町、都関係者に提出した。その後、吉阪研究室や産専（早稲田大学産業専修学校、現　芸術学校）の学生が中心となって再建第二案を作成し、各方面に配布すると同時に、特に住民との接触を緊密にすることに努めた。

大竹康市『都市住宅』1975年8月

海岸遊歩道計画、左から両墓制の名残がある大島共同墓地、船着場の桟橋、親水空間、小さな漁港、現在ある防波堤や舟あげ場・墓地・漁業・井戸をつなぎあわせるとすばらしい遊歩路ができあがる

鳥瞰図 －｜1965年｜－｜黒焼き・紙｜A1［584×892］｜30%

発見的方法

〈いまだ知りえぬ世界〉の外に身をおきながら、想像や予測をつみ重ね、外の世界の尺度によってデータを集めてみることにより、それを知ることができるだろうか。
まず行って歩いてみることだ。
立ちつくし目をみはり、耳をこらすことだ。

心を白紙にして事象をそのままに受けとめてみるころから出発する。

発見的方法とは〈いまだ隠された世界〉を見い出し、〈いまだ在らざる世界〉を探るきわめて人間的な認識と方法のひとつの体系である。

地井昭夫『都市住宅』1975年8月

◀ 左頁 **大島**　三原山火口から元町市街地、
元町港桟橋、左上に波浮港　2016年

壮大なる野外講義
——大島元町復興計画

地井昭夫

1965年1月11日の大火から1週間後の伊豆大島元町、大火の直後、一気にまとめた図面を樋口裕康と渡辺一二が2人で焼跡に届けた。まだ煙は出ている、火種はある、食べ物はない、水もない。だから現場ではほとんど相手にされない。それでもこれは使命だからみんなに渡さなければと、青焼図を100部くらいもっていった。

伊豆大島から沖縄へ

　大島元町は、1966年からスタートした大学院都市計画コースの吉阪研究室に、天与ともいうべき研究機会を与えてくれた。そしてその時の蓄積が、黒潮をたどるように1970年代の沖縄における象グループによる一連の地域計画・建築へと展開したことを考えると、その初発の調査・研究に投入されたエネルギーと意味の大きさに圧倒される思いがする。

　そして話は飛ぶが、その沖縄で大きな仕事となった「逆格差論」や「潜在的資源論」を柱とする"空前絶後"（註1）といわれた総合計画にかかわった名護市では、いま"人間への信頼を基底とした"逆格差論をかなぐり捨てて、米軍ヘリポートの移設容認という政治決定がなされた。しかし、ヒューマン・パワーも含めて地域の潜在的な資源の発見と顕現こそが、グローバルにも新しい地域社会創出の鍵であると信じて戦い続けてきた立場からも憤慨に耐えない。（註2）

　私事で恐縮だが、ここ数年広島国際協力センターで太平洋の国々の政府と自治体からの研修生に「農漁村計画」の講義をしているが、沖縄におけるわれわれの地域計画と建築の経過と内容は、毎年大きな関心が寄せられている。とっくに世界は、そのような方向に向かっているのである。

書を捨てて島へ

　それにしても1965年1月の元町大火後の吉阪の初動スケッチ（吉阪は大火のニュースを見てスケッチを描き、翌日の飛行機で産専の学生に役場へもたせた）の効果は、その後の弟子たちに与えたインパクトの大きさからいっても格別であった。後になって、吉阪が少年時代に一度だけ大島を訪れたことを聞かされたのだが、よほど強い印象があったのであろう。

　そのころ、近代建築と都市計画の理論と現実を見限り、修士論文で日本の集落の研究をしたいのだが、さりとて"何をすべきか"に悩んでいた私にとって、吉阪からの大島復興計画への誘いに躊躇はなかった。そして大学院のみならず産専や学部の学生から社会人も含めて、"現象がすべて"ともいうべき「壮大なる野外講義」がスタートすることになり、吉阪を中心に大挙して伊豆大島行き客船の3等船室で、議論と酒盛りが幾度が展開された。

　これにはオチがある。3等船室で寝る吉阪の大いびきで隣の私はほとんど寝ることができなかったばかりか、ときどき近くの客からの"うるさい！"という抗議に、私が陳謝するハメになった。そして元町の桟橋に

上陸すると、吉阪は"今日はいい天気ですね"といってスケッチ・ブック片手に、町役場差回しの公用車を尻目に歩き出してしまったために、私が公用車で町役場へ向かったこともあった。

　その時の吉阪が浜辺の丘で三原山を眼前に泰然とスケッチをしている写真を撮っていたのだが、いまは残念ながら見当らない。大学教授は1等船室に乗るものと考えていた私は、天衣無縫な吉阪の姿を見て、密かに大学教員をめざす決心をしたのである。

分析学としての地域計画を超えて

　こうしてみると元町復興計画は、いかにも現場と行動主義的な雰囲気の中で進められたのかというと、まったく違う。私は、そのころ密かに国立大学の研究室による地域計画書を集めて仔細もらさず検討し、その限界、つまり"分析から始まり、分析的結論に至る"という限界を感得した気がする。神戸大学の重村力教授からは"あの時は、膨大な統計資料を手書きで写すというひどい仕事を仰せつかった"というくらい、データにもかかわった。（当時のコピー機は性能が悪くかつ高価だったのです。）

　しかし、現場を歩くうえで、今 和次郎の「日本の民家」や「考現学」は、まさに"現場の聖書"であっ

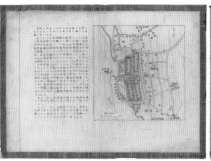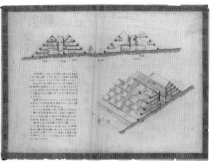

大火のニュースから1週間でつくりあげた吉阪隆正と「DISCONTグループ」の最初の元町再建計画
[左] **表紙** ―｜1965年1月18日｜―｜トレーシングペーパー・鉛筆｜A2[330×460]｜12%
[中] **配置図** 1:5000｜1965年1月18日｜トレーシングペーパー・鉛筆｜A2[334×450]｜12%
[右] **断面図** ―｜1965年1月18日｜―｜トレーシングペーパー・鉛筆｜A2[334×458]｜12%

た。なかでも「焼け跡考現学」は、そのまま元町に適応できたのである。いまでいう「路上観察学」である。もう一つ吉阪から教えられたことは、どんな人や組織ともキチンと議論や会話をするというマナーである。大島行きの客船はもちろん、大島の幅広い住民とも、吉阪はときには鋭い舌鋒を交えながらも実に誠実に丁寧に交流した。だから私たち若造たちも、吉阪とも当時の戸沼幸市助手とも議論を交わした、というよりも生意気な論戦を挑んだのだろうと思うと、汗顔の至りである。しかし、最後は、データのみならず現場や住民との議論も総合的に判断して決定されていったと思う。

そうした元町復興計画には、多くの出色の計画があった。ほんの一例だが、奇想天外な「水取山計画」や、当時「原寸大都市計画」と呼んだ、浜から吉谷神社へ至る「参道計画」とボン・ネルフのような「商店街の街路計画」である。参道については後から触れるが、いま考えても街路計画はスゴイと思う。今のコンセプトでいえば人と車と椿が共存する"大島型ボン・ネルフ"であり、住民説明会でも賛同を得て実現し

た！ のだが、車時代を迎えかつ町長の交替もあってあえなく取り壊しとなってしまった。この街路計画に当時固有のネーミングがあったのか、報告書を点検したが残念ながら見当たらなかった。（吉阪スクールは、いつも少し早すぎるのです！）

大島での新たなる発見

紙幅の関係で結語へ進まなければならない。この1999年春、私はなんと33年ぶりに伊豆大島を再訪する幸運に恵まれた。真っ先に吉谷神社への参道を訪れたのだが、参道の多くは健在で、子供たちの遊ぶ姿を見て単純に感動した。そればかりではなく、その参道や共同墓地を清掃する大島老人クラブのメンバーの中に、なんと当時の役場の「復興相談室」のスタッフとして活躍し、われわれも一方ならぬ世話になったN氏と出会ったのである。

このたびの大島再訪の主目的は、神奈川県真鶴市民の間で語り継がれているという"関東大震災の時に、伊豆大島からの救難物資で市民が救われた"という史実？ を確認するためであった。これは"助けられる

島"（たとえば、伊豆大島では1986年の三原山の大噴火時に島の全員が本土に避難した）から"助ける島"へという、島のもつ力の180度の転換をせまる、本土の都市災害に対して島がもち得る防災支援能力を実証しようとする旅であった。結果的には実証には至っていないが、その時N氏が"沼津市から下田を経由して真鶴までの航路だから、途中大島へ寄って、甘藷や木炭やクサヤ（魚の干物）を積んだことは十分あり得ますね"というところで、旅はとりあえず終った。

これは、日米安保条約で他国に国防を依存して自分は何もできない、そして米軍のヘリポートをたらい回しするしかない、という日本の時代錯誤を転換する可能のあるストーリーなのである。なぜなら、海に囲まれた日本の守りは、潜在的にも大きな力を秘めた島々の力を守ることに他ならないからである。

吉阪先生と大竹Jr.！ まだまだ伊豆大島や沖縄の仕事は終っていません。終わらないどころか、迷走する日本への警鐘を鳴らしつづける島々として、これからも頑張らなければならないのです。考えてみれば日本の「国生み」の最初は、古事記にもあるように淡路島の「島生み」だったのです。また相談したいことがあると思いますので、その節はよろしくお願いします。

『早稲田建築』2000年3月初出、
『漁師はなぜ、海を向いて住むのか？』工作舎 2012年6月再録

note
*1 杉岡碩夫「沖縄経済自立への道―開発を拒否する地域主義の芽生え」『週刊エコノミスト』毎日新聞社、1975.7.22日号における「名護市総合計画」に対する杉岡氏の評価
*2 拙稿「沖縄振興のもうひとつの視点」朝日新聞論壇、1997.9.17

水取山計画

　大島が楽しい世界になるための一番の源は水を得ることだと考えた。

　自然はここに年間3000ミリの水を与えてくれている。1000ミリが蒸発しても2000ミリ残る。水は地下ばかりでなく大気の中にもあるのだ。

　この大気の中の水をつかまえる三葉虫、生物が生きはじめた初源をつくろう。

　村毎に競つてデツカイ奴を作るがよい。その村が先づ栄えるだろう。

　これは聖なる仕事だ。全員でかかれ。難かしい工事じゃない。何千年前の人達の知恵なのだ。頭の山は湿気を、ひろげた両翼は降る雨をとらえて池にためる。山上に溜めた水は、村まで下る間に発電もできる、漑にも使える、だが池の形がかわつたら　水を節約すべき時と思え。

1:10000

水取山計画　鳥瞰図　1:10000｜1965年｜−｜トレーシングペーパー・鉛筆｜A2［421×578］｜44%

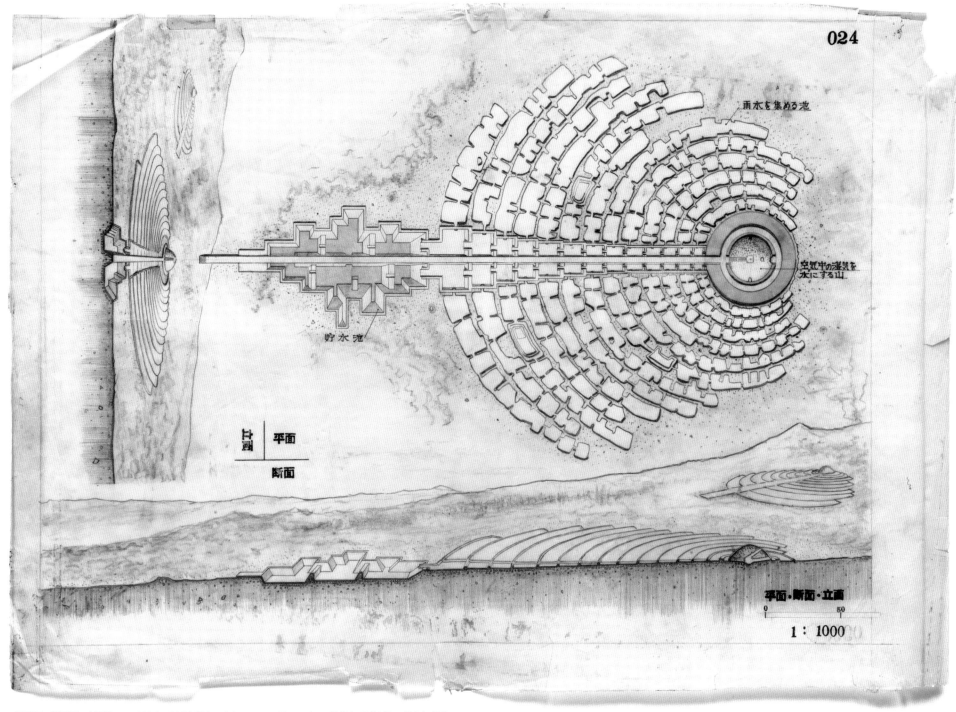

雨水を集める池

空気中の湿気を
水にする山

貯水池

立面 | 平面
_____
断面

平面・断面・立面

024

平面・断面・立面

0 ___ 50

1：1000

平面図・断面図・立面図　1:1000｜1965年頃｜−｜トレーシングペーパー・鉛筆｜A2［440×622］42%

水取山

大竹康市

この計画は大島元町大火の復興計画の一部として出されたものである。水取り山という素朴な名前が示すように、島の水不足を解決するために三原山の外輪山に囲まれた砂漠の中に巨大な天水の受けざらを6つの集落ごとに住民の手でつくりあげるという雄大な構想である。当時わたしたちは町役場や罹災者のあつまりである復興協議会の人びとと区画整理事業という限定された枠の中でどのようにして豊かな生活環境を回復してゆくかという現実的な問題に頭をうばわれていた。吉阪先生のこの突然の提案はわたしたちを悩ませてしまった。なぜ区画整理区域からはるか遠くの三原山の頂上への提案がいま必要なのだろうか。しかも実現性という点で夢のような話しではないか。しかし、これらの疑問は住民との懇談会や説明会を進めるなかでしだいに解き明かされていった。住民の＜まちづくり＞の意欲はこのプロジェクトを旗じるしとして急速にまとまっていった。

ひとつは、将来の雄大な共通の夢をもつことによってきびしい現実をのりこえてゆく勇気をもつことができたこと。いまひとつはその夢は自力建設によって実現することから、現在の復興を＜まちづくり＞として進めている自分達の方法は正しいのだと確認すること

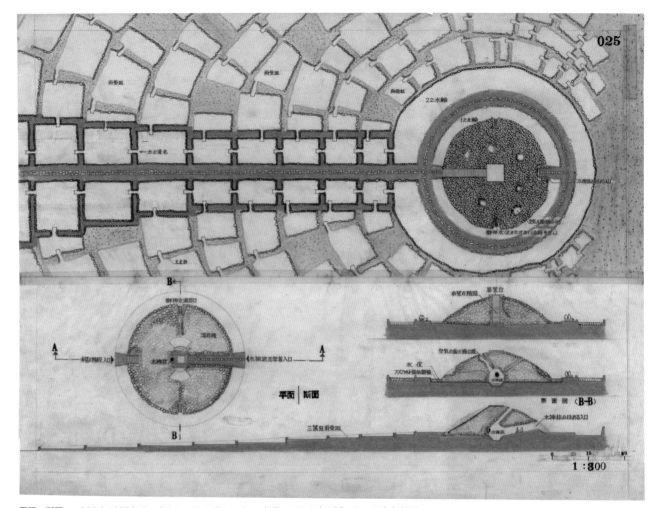

平面・断面　1:300｜1965年｜ー｜トレーシングペーパー・鉛筆・インク｜A2［436×580］｜29%

であった。また、わたしたち計画スタッフにも同じようなことがいえた。大島の計画はこの時期から4年余にわたり、多くの人びとが参加した。この単純明解なプロジェクトはチームにまとまりと一貫した方向性をもつことを可能にした。

地域計画にはシンボルとなる夢が必要である。夢は

データからは生れてこない。すぐれた洞察力と勇気が必要である。また、それだけに一歩まちがえると混乱と軽蔑の中に計画者は立場を失ってしまう。大島計画を語るとき、水取り山が常にトップに出てくるのは、多くの人びとを動かす夢をもっているからである。

『都市住宅』1975年8月

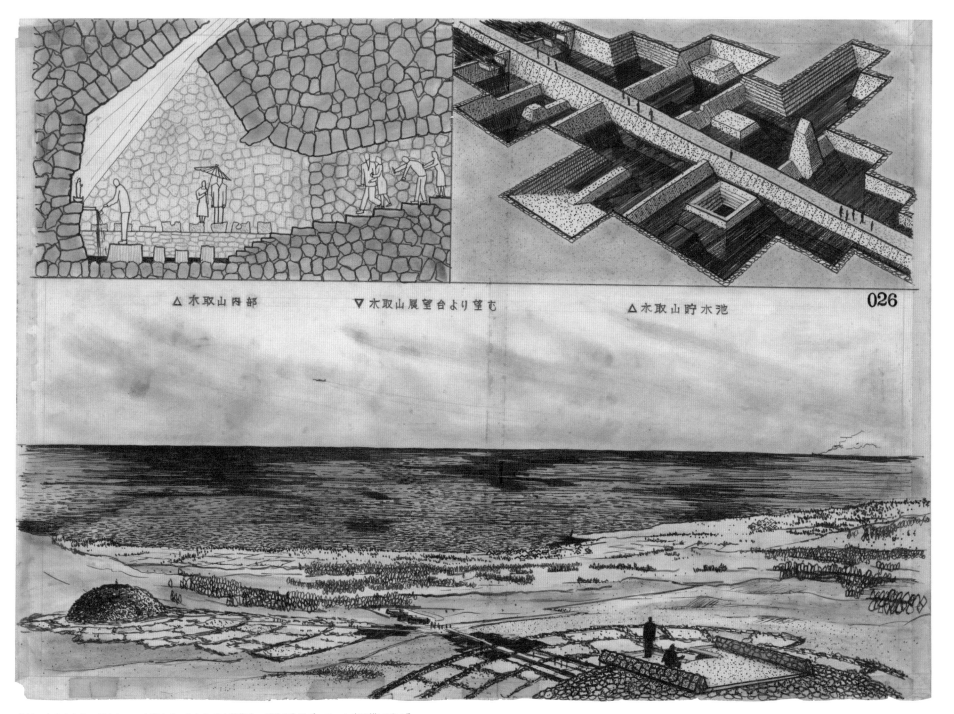

△ 水取山内部　　　　▽ 水取山展望台より望む　　　　△ 水取山貯水池

026

絶対できそうもない巨大なこの水取山を、みんなで大勢集まって 1/50 のディテールまで描いている

内部詳細・眺望・貯水地 　－｜1965 年頃｜－｜トレーシングペーパー・鉛筆・インク｜A2［421×585｜43%

吉谷神社参道
──〈つくらないこと〉も創造である

大竹康市

本来ならもっと長い年月で経験すべきこと
を、大火というキッカケをもつだけに極端
な場面につぎつぎ遭遇してきたように思
う。大島の人々と遠ざかったと思えるよう
な状態の時は不安とあせりを感じ、接近し
ていると思えるときはなにか輝かしさを感
じた。略

われわれは、地域計画も建築も同じ次元で
捉えようとしていたのではなかろうか。創
造の過程を〈計画の段階〉〈つくられてゆく
段階〉〈モノとして存在する段階〉とする
と、各段階の時間の長さ、計画者が直接参
加し得るのはどの段階までかという違い
が、むしろ重要だった。そこには建築も都
市もなかった。この創造の過程において、
どのようなかたちで住民の自主的なエネル
ギーを誘発、あるいは投影してゆくかとい
うことが問題なのである。これを〈つくる〉
創造とすれば〈つくらない〉こともわれわ
れにとっては創造だった。元町の共同墓地、
また海岸遊歩路はすでに〈モノ〉として存
在しており、われわれが発見し、住民にそ
れをうけとめてもらえば創造として完了す
るのである。　　　『都市住宅』1975年8月

吉谷神社境内の敷石

50年後も残るのが、都電の敷石を
敷いた、海から吉谷神社への参道

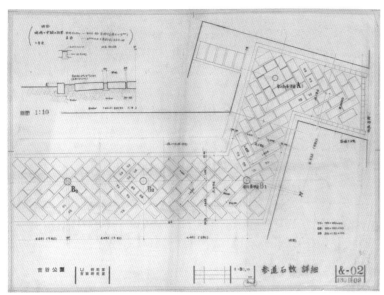

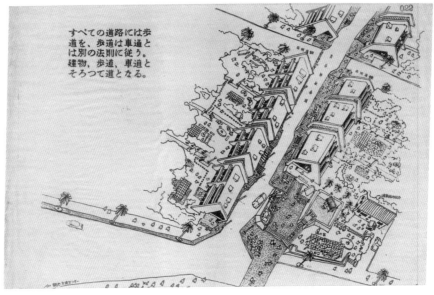

すべての道路には歩道を、歩道は車道とは別の法則に従う。建物、歩道、車道とそろつて道となる。

[左] 1968年、実施された参道計画、参道は廃材となっている都電の敷石を支給してもらいミカゲ石のミチとして実現した
吉谷公園　参道敷石　詳細図　現場施工図　1:30、10｜－｜大竹康市｜トレーシングペーパー・鉛筆・色鉛筆・インク｜A2［403×546］｜18%
[右] 海側の浜の宮から神社への参道両側に計画した山型共同住宅、第1次計画
鳥瞰図　1:100｜1970年7月21日｜－｜紙・コピー｜A2長［402×632］｜18%

海岸の浜の宮から山手の吉谷神社まで、マチを縦に貫く参道の新しいイメージを提案する、1965年9月、第1次計画
配置　平面図　1:500｜－｜－｜トレーシングペーパー・鉛筆・インク｜A2長［412×1182］｜22%

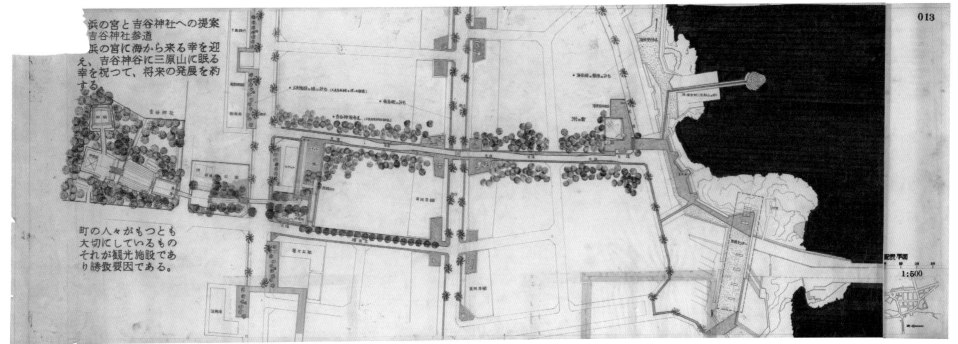

浜の宮と吉谷神社への提案
吉谷神社参道
浜の宮に海から来る幸を迎え、吉谷神谷に三原山に眠る幸を祝つて、将来の発展を約する

町の人々がもつとも大切にしているものそれが観光施設であり誘致要因である。

配置 平面
1:500

2301

目時農村公園

青森県三戸町│敷地3,000㎡│1977年設計、竣工、現存せず

1975年から1980年にかけて吉阪研究室とU研究室は、東北地方と北関東の農村生活関連施設の調査計画を行い、1977年に青森県三戸町、1979年に八戸町と二ヶ所の公園を設計した。

水田の広がる農村地帯、高台にある目時小学校から見下ろす、りんご集荷場と公民館の前庭につくった公園は、空に浮かぶ〈平和の鳥〉の風見が影を落とす、大きな日時計とジャブジャブ池　1977年12月**

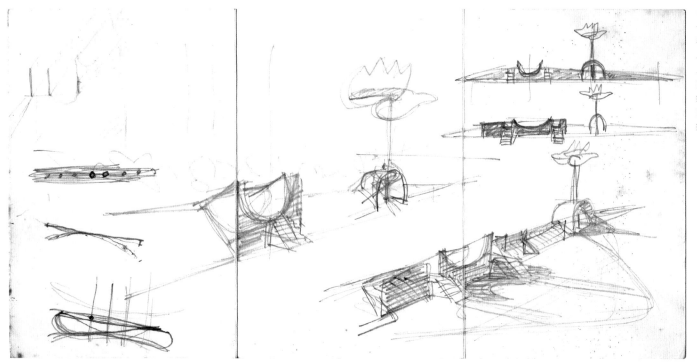

日時計とル・コルビュジエがインド　チャンディガールに計画して未完であった〈開かれた手〉（1985年に完成）をモティーフにした吉阪のエスキス、厚紙の案内状や招待状の裏に描いたスケッチを担当者に渡した
[左]**エスキス**** ‒｜1977年｜吉阪隆正｜紙・鉛筆｜［153×310］｜60%
[右]**エスキス**** ‒｜1977年｜吉阪隆正｜紙・鉛筆｜［205×153］｜40%

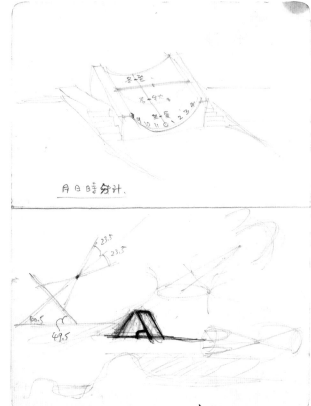

月日時分計.

スタイロフォームと
油土の公園模型**

設計にあたって

吉阪隆正

目時の日時計　解説
このベレキノン式日時計では、大きな風見が
風向きを示すと同時に、影は一日に9時から
15時まで、7本の鉄のパイプとコンクリート
の文字盤に時を刻む。また、一年で8の字の
軌跡を描く影の長さは、季節の変化を示す。
東西の一直線の道を春分、秋分の影が通り、
夏はコンクリートに、冬はパイプの上に影を
落とす。古代の人々が、太陽や自然との密接
な結びつきの中からつくりあげた暦や、太陽
が示す宇宙の運動、時や季節を日時計の影か
ら感じることができる。
｜－｜1977年12月｜齊藤祐子｜トレーシン
グペーパー・インク｜A2［420×587］｜28%

林檎の集荷所と公民館のある土地に、この児童公園が加えられる。それは町の物
質的、そして精神的中心を形成するだろう。北側に小学校のある丘があり、他の三
面は水田に囲まれている。

太陽と大気と水の力を人々は工夫して使うことでここに生活を営んで来た。それ
を象徴するものとして、ここに日時計と風見と水面を提案することにした所、町の
賛成を得た。

現代文明を表現する金属と樹脂とによってつくられた平和の鳥が、風見の上にと
まって、世の動きに目を向けることを教えてくれる。またその影は地上で、時を知
らせる日時計の針になる。

春秋の彼岸の日に、この影は一直線に西から東に向かって動き、この広場を横切
る軸線を描く。それは入口と公民館とをつなぐ線である。

冬はこの軸線の北側に、鳥の影が時を刻む。雪に埋れても凹凸によって文字板の
存在が知れる。夏は鳥の影がこの軸線の南側だけにあるので、北側を花壇で飾ろう。

風見のポールの南には、夏のための子供の水浴、ジャブジャブ池がある。その形
は、太陽の一日を描く。日の出、日没、日の出と、その間をつなぐ一本の水平線。
昼と夜だ。

夜、照明によって闇の中に平和の鳥が空に浮かぶ。目時の町の人々の平和を祈っ
て。

『吉阪隆正集 7』

三戸町目時の農村公園

齊藤祐子

インド ジャイプール天文台、吉阪パタパタスケッチ。1978年9月　157×90×6**

計画から現場へ

　1977（昭和52）年冬、青森県三戸町目時、高台にある小学校から見下ろす田園に巨大な日時計と風見、ジャブジャブ池の公園が完成した。子ども達の遊び場でありシンボルとして、この土地を離れても記憶に残る場所となることを願って設計をした。けれど、残念なことに現在は小学校も廃校になり、公園も姿を消して久しいという。厳しい冬の寒さの中で工事が終わった時、集落の子ども達が初めて水を張ったジャブジャブ池で走り回り、日時計を遊具に遊んでいたのを忘れることはできない。

　農村は緑地や川など自然環境に恵まれているが、現実には隅々まで土地利用されている。農薬を使用する農地には入れない、川でも泳いではいけないなど、子ども達が自由に遊ぶ場所は限られる。そこで計画されたのが、地区の小さな公園である。

　その年の春、U研究室に入室したばかりの私は、新しく始まるプロジェクトへの参加を希望して、嶋田幸男と田川宏と共に農村公園の設計担当に加わった。大学セミナー・ハウスでは第七期工事の現場が始まり、

他に幾つもの設計が動いているなか、吉阪は農村公園の計画には積極的で、特別な熱の入れ方であった。

　公民館とりんご集荷場前の敷地は、目時小学校の眼下に広がる。そこに、当時はまだ建てられていなかったル・コルビュジエがチャンディガールに計画した「開かれた手」を、新たな形で実現することにした。日時計の指針であり、風を受ける風見として公園の中心に立てることにした。「開かれた手」をモチーフにした最初のスケッチはエスキスを重ねて、どんどん姿を変え、平和の鳥が生まれた。風見担当の田川は、現寸の模型をラワン合板で二種類作り、自邸の庭で検討して大きさと高さを決めた。現寸エスキスである。

　また、子ども達が水に触れて遊ぶジャブジャブ池は、南北軸をはさんで太陽の動きをあらわす三つの円を組み合わせた。壁にはこの地方の物語「みのが坂とくら沼の伝説」を目時小学校の5、6年生が描いた絵をもとに、レリーフを縄絵で描いた。

　農村に計画された3000平方メートル程度の公園の設計は、あまりに小さな規模と厳しい工事予算に、地元からも手が挙がらない仕事であった。けれど、吉阪はパートナーの大竹十一も交え、模型を囲んで何度も

打ち合わせをしながら案を検討した。そして、担当の三名が数ヶ月間現地に常駐して、設計監理とはとてもいえない、長靴で泥だらけになっての現場に参加した。それが私の最初の現場体験となった。

　エスキスとディスカッションを重ねて考え、図面に表現し、現場でつくる。墨出し、型枠に小学生の描いた絵のレリーフを描くためにロープを釘で止める。鉄筋を組み、コンクリートを打つ。土地のおばさん達と一緒に働き、現場の帰りに見る空いっぱいの星、天の川は素晴しかった。そんな空の下に公園は実現した。

日時計の設計

　私の担当は日時計の設計である。最初の課題は世界の日時計を調べることだ。ヨーロッパの広場に作られた壁式の日時計をはじめ、大地に垂直な棒を立て、その影の変化で時刻や季節の変化を知るBC16世紀頃にバビロニア人によって作られていた日時計など、様々な事例を集める。エジプトやバビロニアの文化は、ギリシア、ローマを経てヨーロッパへと伝えられ、15世紀から16世紀にかけて広場や教会に数多くの日時計がつくられた。

中国では日晷儀といわれ、晷とは空ゆく日脚を地上に受けとめる影と云う意味を示す。また指針を「上圭」と呼び、それが日本語の「時計」の語源となっている。

吉阪は18世紀に築かれたインドのジャイプール天文観測台の巨大な日時計の写真や資料を手にアイデアを次々と提案した。巨大な鉢に影を落とす日時計や、斜めの壁をつくる案などをハガキの裏に何枚もスケッチをして、油粘土の模型をつくった。シンボルになり子どもの遊具にもなる工夫が求められていた。

そして、地上6メートルにまっすぐ立つ風見が指針となり、太陽の光を受けて大地に落とす影の動きから時を読み取る柱型のペレキノン式日時計を作ることにした。日時計は時を刻むだけではなく、影の長さが一年の月の変化をも示す。影は地軸の傾きの影響を受け、一年間で8の字の軌跡を描く。アナレマン曲線という。

午前9時から午後3時まで7つの表示板はコンクリートと鉄で作ることにした。鉄パイプを高周波で曲げる先端技術を使って加工されたパイプが届き、農機具の修理も行う地元の鉄工所の確かな技術と一つになって現場での作業が進んだ。鉄パイプに取り付けた色分けされた6つのリングとコンクリートに埋め込まれた6つの石が月の変わり目を示す。影を追うことで、一日の時間の変化と季節の移り変わりを目に見える形でとらえることができる。夜と昼の長さの等しい春分と秋分には、コンクリートとパイプの間、33センチの東西の道を西から東へと影は一直線に走り、広場の軸線を描く。太陽高度の最も高い夏至の影は一番短く、反対に夜が最も長くなる冬至の長い影はパイプの先端を動

いて行く。

北緯40度21分で計算した、ここ目時にだけ通用する日時計を設計するために、当時は電卓の手計算で影の位置を出す作業を何ヶ月も続けていた。その時のことを振り返り、「吉阪隆正の方法」に記したのは、吉阪と共に形を求めていく過程で受け止めた思いであった。「東京天文台で日時計について話を聞き、影の位置を出す計算をした。毎日毎日計算を続ける作業を経験して不思議な気持ちになった。創作の行為そのものがひとつの触媒であるような、大きな営みを感じた。太陽と地球の関係を、時を刻む行為に変換する。すでに存在する現象を目に見える形として、形姿あるものをつくり出していく。影の動きは時を現し、風見は風を捕える。建築は自然と人をつなぎ、人と人をつなぎ、人と物をつなぎ、かつては神と人をつなぐ大きな役割を果たしていた。」

物質的、精神的中心をつくる

「何世代も経ち　いつの間にか土に埋もれ　それから時を経て　掘り出された時　誰が何のために作ったのか　果たして日時計と解るだろうか」

そんなことを語り合いながら打ち合わせをし、設計をし、現場に向かった。りんごの集荷が最盛期を迎える秋から冬へ、巨大な装置をつくり上げた。

翌年は、八戸市高屋敷の農村公園に「メビウスの輪」と「泣き笑いの迷路」をモチーフに遊具や藤棚、松杭で渦巻きを描くトイレを設計した。一筆描きの「泣き笑いの迷路」は上下に回転すると笑い顔は泣き顔に変化する。長方形を180度ねじってつなげた「メ

ビウスの輪」は一回りすると元の位置とは反対の面に戻る。見方を変えることで世界は一変する。吉阪が「何か人生を教えられるような気がする」と数多く描いた形である。精力的に指輪やメダルのデザインをし、世界観をダイアグラムとして描き表わしている吉阪にとって、農村公園は建物以上に魅力的な創造の場であった。

建築には経済的な要素と物質的な表現と共に、精神的な中心をつくる大きな役割がある。晩年の仕事である農村の計画は、吉阪の強い意志に支えられて取り組まれていた。そして、小さな公園に、集落の人々の精神的な拠り所をつくろうと力を注いだ。

1980（昭和55）年4月に大学セミナー・ハウスで開催した有形学会で、吉阪は「人を集めるためには、象徴として中心となる建築を作るより、何もない場所を作ることがこれからは大切です」と、語っている。

その年の12月に63歳で吉阪が急逝してから、30年近い時を経て、いくつもの建築が取り壊され姿を消した。1959（昭和34）年に完成し95年に取り壊された「日仏会館」はまだ低層の住居や空き地のあった東京、お茶ノ水に、地下にホールをつくって都市に広場を提案した。数年前に建替えのために取り壊しが始まった富山市の「呉羽中学校」校舎の外廊下に取り囲まれた中庭は、全校生徒が集まる劇場のような生き生きとした場所になっていた。吉阪建築は、人の集まる場所を積極的に提案していたことを、現在こそあらためて見直したい。

『Ahause 今和次郎と吉坂隆正』2008年3月 初出／2023年3月 加筆

農村地域施設・農村公園の計画・設計

嶋田幸男

吉阪隆正とU研究室による東北地方における農村地域施設の計画は1973年の秋田県仙北郡太田町（現大仙市太田町）に始まり、1983年の福島県矢祭町の「山村開発センター」の完成まで続く。

農村の基盤整備の一環として「環境改善センター」及び「農村公園」の計画が1975年から79まで続けられた。

これらの計画は早稲田大学吉阪研究室とU研究室の協働で行われ、「調査・診断・基本計画」として報告書にまとめられた。

その後実施計画となった農村公園についてはU研究室が設計監理を担当した。完成した農村公園は、三戸町目時（1977年11月）、八戸市高屋敷（1979年5月）、鰺ヶ沢町赤石（1980年12月）、鰺ヶ沢町金沢（1982年12月）、の計4か所である。ところで「農村公園」や「環境改善センター」という一見不可思議な名称は、当時の農林省が目玉事業として推進していた「農村総合整備モデル事業」の中にある生活関連施設の名称である。「環境改善センター」は町村単位の集会研修施設であり、「農村公園」は集落単位の広場や遊び場という位置づけである。

「農村公園」はひとつひとつの規模が小さく、予算も

三戸、目時、日時計　吉阪スケッチ　1979年7月29日　157×90×2

わずかなものであったが、一町村で5、6か所の計画が可能であった。

そのため私達は「公園」というより、それぞれの集落の特徴をとらえながら、きめ細かく地域の景観を保全したり、新しい価値を作り出してゆく「拠点広場」として考えた。

三戸町目時農村公園の敷地は、りんごの集荷場と集落集会所の前庭である。集落の貴重な財産である集会所兼作業所にシンボルをつくることがテーマとなった。

設計が始まるとすぐに吉阪は世界の日時計の事例をいくつも私達に示しながら自ら模型をつくり、また時

の影を落とす風見鶏はコルビュジエの「開いた手」をモチーフに、集落の平和を願う鳥をイメージして設計が進められた。

八戸市高屋敷農村公園の敷地は都市化が進む市街化調整区域の外縁部にあり、丘陵地に建つ多賀台団地から急激に落ち込む谷地の沼を埋め立ててつくった約1,000坪の新しい造成地である。

既存の農村集落の際に位置し、隣接する住宅団地の子供達も活発に利用する「農村公園」で、都市近郊型の性格を持つ異色の存在である。

野球の練習や盆踊りができる広場、子供達の遊び

〈八戸市　高屋敷農村公園〉
吉阪のパタパタスケッチ
1979年7月29日

場、近い将来建設が予定されている公民館の前庭としても考慮することが条件であった。

　そこで吉阪がとりあげたモチーフは「メビウスの輪」と「泣き笑い一筆描き」であった。模型とスケッチが次々と渡され、ブランコ、滑り台、雲梯などが組み込まれた「メビウスの遊具」やボールが当たると回転して泣き顔や笑い顔に変換するバックネットのデザインが進められた。現場に入ると、これらの遊具は模型と原寸図を鉄工所に持ち込んで製作されたが、地元鍛冶の技術水準は高く、複雑な接合や切断も実に正確に行われた。また「メビウスの遊具」につけるナイロンネットは漁網を作る職人さんによって美しく編み上げられた。

　こうして新しくつくられた敷地に、ユーモラスな遊具が配置された、のびやかで楽しい集落活動の拠点が完成した。

　後日、三戸町と八戸市に完成したふたつの「農村公園」を吉阪と訪れ、森羅万象の法則や遊びゴコロが反映した形姿に触れて、吉阪の集落に対する愛着やものづくりの楽しさ、むずかしさをあらためて教えられた思いであった。

　その後設計され完成した鰺ヶ沢の2か所の農村公園は、吉阪が病に倒れてから、また没後に始められたものである。方向性やテーマ、モチーフなどについては三戸町、八戸市の心を引き継ぎ、生活環境単位である集落への思いを大切にしながら設計されたものである。

　農村施設の計画や農村公園の設計が進められていた頃、すなわち50歳代の前半から亡くなるまでの10年間の吉阪は、理工学部長、日本建築学会、日本生活学会、日中建築技術交流会などの会長を次々と歴任し、

早稲田大学専門学校の校長として、またハーバード大学G.S.Gの招聘教授としてボストンに滞在するなど多忙を極めていた時期であった。

　しかし、紙をちぎり、油土をこねながら、古今東西の原理や法則を形にする吉阪との打ち合わせはゆったりとしていて楽しいものであった。

　それにしても、何カ国語もが堪能であるにもかかわらず、カタカナ言葉は決して発せず、常に端正な日本語であったことを今思い出す。

　そして疲れを見せず、夜行列車の強行軍もいとわずに、集落を歩き、計画地に

　入ってスケッチをし、メモを取っていた。

　フットワークは軽快で歩幅も広く、朝は誰より早く起きて前日のスケッチに色を付け、NHKの「中国語講座」を熱心に聴き入るという姿が印象的であった。

『Ahause 今和次郎と吉坂隆正』2008年3月 初出／2023年3月 加筆

2403
高屋敷農村公園

青森県八戸市｜敷地 3,000㎡
1978 年設計、竣工

メビウスの輪

　メビウスの輪というのをご存知だろうか。帯状の紙をひとひねりして輪になるようにつないでできた形を考えて頂けばよい。

　この輪は表と裏の境界がない。よじれているため、内側を辿っていくうちいつの間にか外側に出てしまう。

　この輪をたてに切って二つの輪にしようとすると切れたと思ったとたんに大きな一つの輪になってしまう。切っても切れない輪だ。

　こうしたメビウスの輪のもつ性格が面白くて、大小さまざまな輪をつくってみたり、これを平たくたたんでみたり、立体的に彫刻につくりあげたりしてみると、何か人生を教えられるような気がする。

　たとえば、よじれ目の所を今と仮定してみると、左右に過去と未来があり、一方は既知の面を見せ、他方は未知の面を見せているとも考えられる。そして古い過去と遠い未来は , 向こう側でつながって、既知と未知がうらはらになっているのだと教えてくれる。

『FM東京の放送原稿』1978 年 9 月

［上］野球練習場に設置した、上下に回転すると表情が変わる〈泣き笑い一筆描き〉のバックネット＊＊
［下］〈メビウス〉の遊具と吉阪、1979 年 7 月＊＊

▶ 右頁　メビウスの遊具と渦巻きトイレ＊＊

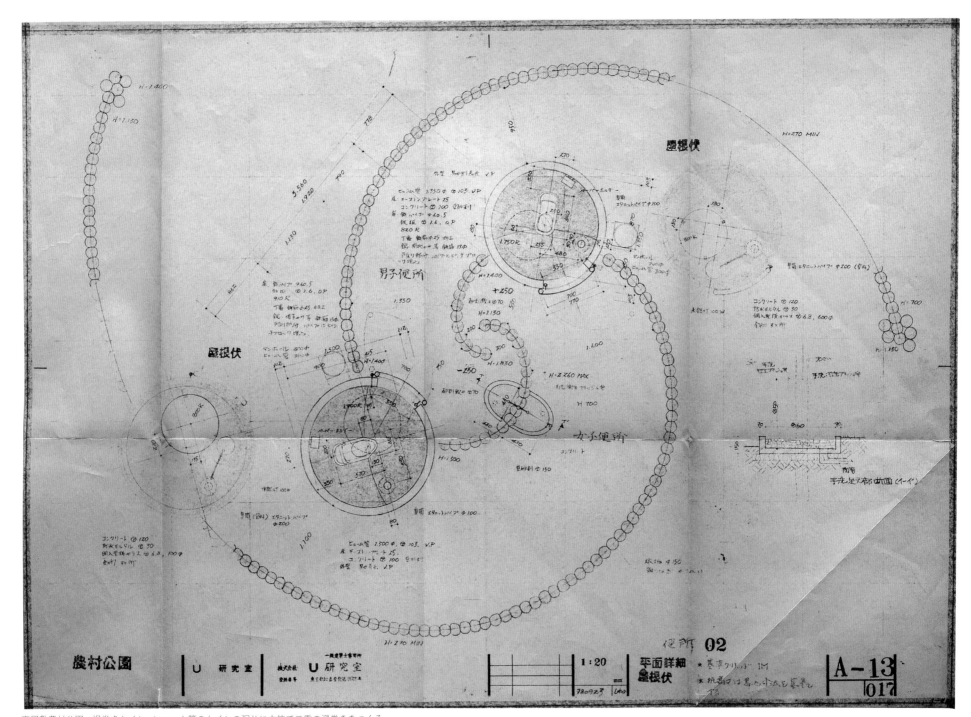

高屋敷農村公園　渦巻きトイレ、ヒューム管のトイレの廻りに木杭で二重の渦巻きをつくる
平面詳細図　1:20 ｜ 1978年9月23日 ｜ 齊藤祐子 ｜ 紙・黒焼 ｜ A2［420×587］｜ 43%＊＊

山というのは、大体地球の複雑骨折の結果ですからね。

日本列島というのは、まさに複雑骨折だらけで、

その複雑骨折の結果、

あるおもしろい、美しい姿があらわれている。

そういうものにむしろ惹かれるんで、

どうしてそうなったかというのは、

一つ一つを見極め切れないようなものの中で

答えを出すようなことのほうが、

私には原風景にありますね。

『住民時代 君は21世紀に何をしているか』1979年、
『いしのいし――吉阪隆正のいしとことば』
2017年吉阪隆正生誕100周年記念冊子　再録

地球を駆け巡り、山にも登る吉阪。自邸も
アトリエも書庫も、旅先で収集したもので
溢れていた。切符やパンフレット、人形や
民具、日常の箸袋まで。
そこに、ごろごろと集められたのがさまざ
まな石である。山に転がる溶岩から尖った
川上の石、丸くなった川石や海岸の石な
ど。収集場所や顔のスケッチが描かれてい
る石もある。一つ一つが語り伝える物語を
もっている。

写真クレジット

北田英治：p11、47、54、62（図面）、以下をのぞく全ての写真
鈴木恂：p12
アルキテクト事務局＊＊：p2、16、22、28、31、36、41、44、52〜54、56、60〜61

図面資料

国立近現代建築資料館：以下をのぞく図面
早稲田大学會津八一記念博物館：p56、58、59
アルキテクト事務局＊＊：p11、54、62

取材協力

涸沢ヒュッテ／黒沢池ヒュッテ／早稲田大学山岳アルコウ会／吉阪正邦

Takamasa Yosizaka + Atelier U ｜ Earth Architecture

吉阪隆正＋U研究室 ｜ 山岳建築

2023年5月15日　初版第1刷発行

編著　　齊藤祐子
写真　　北田英治
企画・編集　Echelle-1（下田泰也）
編集協力　Echelle-1（瀬脇武＋松田幸美）
デザイン　日向麻梨子（オフィスヒューガ）

発行人　馬場栄一
発行所　株式会社建築資料研究社
　　　　〒171-0014 東京都豊島区池袋2-38-1 日建学院ビル3F
　　　　TEL 03-3986-3239

印刷・製本　株式会社埼京印刷

参考図書

・『建築』青銅社 1961年5月号、1962年6月号、1971年1月号
・『建築文化 吉阪隆正 1917-1981』彰国社 1981年6月号
・『吉阪隆正集 14巻 山岳・雪氷・建築』勁草書房 1984年
・『吉阪隆正集 15巻 原始境から文明境へ』勁草書房 1986年
・『DISCONT 不連続統一体』丸善 1998年
・〈DISCONT LIVE長野 1999 吉阪隆正＋U研究室 展〉1999年10月
・『Ahaus 今和次郎と吉阪隆正』Ahaus編集部 2008年3月号
・『吉阪隆正の迷宮』2004 吉阪隆正展実行委員会編・TOTO出版
・『好きなことはやらずにはいられない——吉阪隆正との対話』建築技術 2015年
・『大学セミナー・ハウス』建築資料研究社 2016年
・『ヴェネチア・ビエンナーレ日本館』建築資料研究社 2017年
・『実験住居』建築資料研究社 2019年
・『葉っぱは傘に——公共の場所』建築資料研究社 2021年
・『原寸から宇宙へ——Detail』建築資料研究社 2022年

プロフィール

U研究室

1954年 吉阪隆正と大竹十一（おおたけ じゅういち）、城内哲彦（きうち てつひこ）、瀧澤健児（たきざわ けんじ）、松崎義徳（まつざき よしのり）の創設メンバーが、早稲田大学建築学科の校舎内で設計活動を始めたのが〈吉阪研究室〉。その後、大学院生であった鈴木恂、沖田裕生、戸沼幸市が参加。
吉阪自邸に移設、改組。富田玲子、大竹康市、樋口裕康とメンバーは増えていった。すべてのメンバーが設計に参加し、ディスカッションを重ねて形にむきあう組織は、吉阪の提唱する〈不連続統一体〉であった。

吉阪隆正（よしざか たかまさ　1917〜1980）
1917年東京に生まれ、暁星小学校からスイス ジュネーブ・エコール・アンテルナショナル33年卒業。41年早稲田大学理工学部建築学科卒業、59年教授、80年63歳で逝去。今和次郎に師事し、民家、農村の調査、住居学から「生活とかたち一有形学」を提唱。また、1950年から2年間、フランス政府給費留学生として渡仏、パリのル・コルビュジエのアトリエで設計に携わり、建築家として作品を世に問う。教育者、探検家でありアルピニスト、文明批評家として多数の著書を著す。

松崎義徳（まつざき よしのり　1931〜2002）
1953年福岡から上京、早稲田大学入学。学生の時から創設メンバーとして、設計に参加。59年早稲田大学大学院終了。早稲田大学産業専修学校講師。93年から、函館、帯広の象設計集団に。ヒマラヤのトレッキング、k2をめざす。クリスチャンとして日本聖公会 聖バルナバ教会ほか、著書に『研修所』

大竹康市（おおたけ こういち　1938〜1983）
1962年東北大学工学部建築学科卒業。62年早稲田大学大学院入学。64年U研究室入室、同研究室の大竹十一と区別するため「ジュニア」というあだ名が付いた。大島元町復興計画、生駒山宇宙科学館、箱根国際観光センターコンペなどを担当。71年象設計集団の結成に参加。83年サッカー試合中に倒れ急逝。著書『これが建築なのだ』

樋口裕康（ひぐち ひろやす）
建築士、パタパタ絵巻士。1939年静岡市生まれ。1964年U研究室入室。1971年象設計集団設立。名護市庁舎、宮代町進修館など。1991年北海道音更町、元チンネル小学校に事務所を移転。夏冬のワークショップをひらく。主な著書に「空間に恋して」「好きなことはやらずにはいられない。吉阪隆正との対話」。主な展覧会に「パタパタ絵巻村」展。「村まであと何歩？」「何も要らない!?」

地井昭夫（ちい あきお　1940〜2006）
1964年早稲田大学第二理工学部建築学科卒業。69年同大学院博士課程修了。在学中から伊豆大島、元町復興計画を手がける。広島工業大学助教授、金沢大学、広島大学、広島国際大学教授を歴任。全国の漁村計画、調査、研究を行う。著書は『図説・集落一その空間と計画［共著］』『漁師はなぜ、海を向いて住むのか』ほか。

嶋田幸男（しまだ さちお）
七月工房代表取締役。1948年東京生まれ。72日本大学理工学部建築学科卒業、U研究室入室。85年より七月工房設立（齊藤祐子と共同）。主な建築作品に石打関山神社歌舞伎舞台、世田谷区立ねこじゃらし公園、東京都隅田清掃工場基本デザイン、大学セミナーハウス食堂棟「やまゆり」（SITEと協働）など多数。

小林銀一（こばやし ぎんいち）
1930年長野県安曇村生まれ。49年西部農学校（現・梓川高校）卒業後、稲核の農協勤務。52年父 福太と共に、上高地明神の養魚場に。57年涸沢キャンプ場の管理人として穂高に。翌年58年より、涸沢ヒュッテ小屋番、65年に朋文堂涸沢ヒュッテ代表取締役に就任。以来涸沢の銀ちゃんとして、自然保護指導員、山岳救助隊員等の役職を経て、89年警察庁長官表彰。90年環境庁長官表彰、93年内閣総理大臣表彰。同年より上高地区長、穂高、上高地の顔として現在に至る。

山口 孝（やまぐち たかし）
1947年東京都江戸川区生まれ。山岳書籍の出版社「朋文堂」に勤務していた伯母の森いづみの影響で登山を始める。獨協大学を卒業後、2年間の旅行会社勤務を経て半年間ヨーロッパを放浪。72年から涸沢ヒュッテに、2001年から代表取締役。遭難救助活動暦も長く、2007年から北アルプス南部地区山岳遭難防止対策協会救助隊長を務める。

梅干野成央（ほやの しげお）
信州大学学術研究院（工学系）准教授。1979年東京都生まれ。博士（工学）。日本建築史学が専門。フィールドワークに基づき、歴史的な建造物や町並みの保存・活用に取り組んでいる。2007年から山小屋などの山岳建築に関する調査・研究も進めており、著書に『山岳に生きる建築——日本の近代登山と山小屋の建築史（山岳科学ブックレットNo.10）』などがある。

北田英治（きただ えいじ）
写真家。1950年鳥取県生まれ。70年東京写真短期大学（現・東京工芸大学）卒業。80年代から東アジアの都市やタイ北部の山岳移動少数民族、チベット高原へと人の暮らしの場所を訪ねてきた。書籍には「サレジオ」「DISCONT：不連続統一体」「空間に恋して：象設計集団」「ル・コルビュジエのインド」「ベーハ小屋」「ラコリーナ：藤森照信」「吉阪隆正——パノラみる」など。

齊藤祐子（さいとう ゆうこ）
1954年埼玉県生まれ。77年早稲田大学理工学部建築学科卒業。77〜84年U研究室。85年七月工房、89年空間工房101を共同で設立、95年サイト（SITE）代表。作品に益子・鷹庵、東中野PAO、大学セミナーハウス「やまゆり」、浦和実業学園UJHALLほか。著書は『吉阪隆正の方法——浦邸1956』『建築のしくみ』『集まって住む終の住処』ほか。〈ぐるぐるつくる大学セミナー・ハウス〉実行委員。〈アルキテクト事務局〉として、吉阪隆正の関連書籍の編集、展覧会の企画協力。

アルキテクト事務局／
吉阪隆正＋U研究室 アーカイブ
サイト 一級建築士事務所内
http://aasite.web9.jp/